Torsten Lemmer

Rechts raus
Mein Ausstieg aus der Szene

Mit einem Vorwort von Gerhard Zwerenz
und einem Gespräch mit Dr. Norbert Madloch

Das Neue Berlin

Ich hoffe, lieber Opa, Dir gezeigt zu haben, daß Wandel möglich ist!

In Liebe
Torsten

Februar 2004

Inhalt

Vom Aufsteiger zum Aussteiger?

Von Gerhard Zwerenz

Torsten Lemmer war mir unbekannt bis zum 13. Oktober 1992, als ich bei RTL auf dem sogenannten Heißen Stuhl saß und den berüchtigten Neonazi hautnah erlebte. Ich fand auch zwei der mitdiskutierenden Politiker schlimm, am schlimmsten den Berliner CDU-Mann Heinrich Lummer.

Es waren die Jahre nach 1990, als radikale Jung-Rechte in den beigetretenen Gebieten auf unheimlich starken Zuspruch trafen. Die SED war weg, die Bourgeoisie nicht mehr oder noch nicht wieder vorhanden, die Jugendkultur formte sich unter West-Regie zum Stahlhelm-Gesangverein. Fast täglich gab es gewalttätige Angriffe auf Ausländer bis hin zu Totschlag und Mord. Kopflos grölende Idioten suchten sich zu vereinigen wie die Parteien CDU/SPD/FDP – lauter Stimmenschnäppchenjäger.

Lemmers Truppe empfing mich zur Sendung mit Gebrüll. Meine These *Es gibt schon wieder zu viele Nazis in Deutschland* provozierte sie aufs äußerste.

Der Moderator Olaf Kracht zitierte aus dem Liederschatz von *Störkraft*: »Blut und Ehre rettet unsre Rasse«. Der Sänger Jörg Petritsch sollte das erläutern und stammelte erbärmlich.

Auf diesen groben Klotz gehörte ein grober Keil. »Jemand, der mit Sprache umgeht«, sagte ich, »und dann noch stolz darauf ist, Deutscher zu sein, sollte wenigstens eine entfernte Ahnung von deutscher Sprache und Literatur haben und nicht einen solchen Scheißdreck schreiben. Das ist doch ranziger Nazismus. Ihr braucht gar keinen Hitler, ihr seid ja selber kleine Hitler.«

Band-Manager Lemmer bemühte sich, seinem Sänger beizuspringen und formulierte immerhin einige zusammenhängende Sätze.

In seinen autobiographischen Aufzeichnungen schildert er die Szene in Kurzform, besonders beeindruckt durch das von mir verwendete Wort *Scheißdreck*.

Nach meinem Wutausbruch bot ich noch während der laufenden Sendung bei nächster Gelegenheit ein Gespräch mit ihm und den um ihn versammelten Neonazis an.

»Ja«, sagte er, »machen wir doch.«

Er hockte da inmitten seiner Glatzen, die auf meine Attacke hin randalierten, herumfuchtelten und fortwährend Zeter und Mordio schrien – mit dem Erfolg, daß Hellmuth Karasek, der meine These von den zu vielen Nazis in Deutschland als übertrieben eingeschätzt hatte, mir nun zustimmte.

Am Ende der hektisch und hochtourig verlaufenden Diskussion rückten mir aufgeregte Neonazis bedrohlich nahe, Lemmer war nicht darunter. Wochen darauf besuchte ich ihn im Düsseldorfer Rathaus. Als ich mich beim Pförtner nach dem Weg zum Büro der rechten Fraktion erkundigte, erntete ich Erstaunen und Unmut.

Lemmer wollte es nicht glauben, als da einer wie versprochen vor ihm auftauchte. Ich überstand als Infanterist die Schlachten von Monte Cassino, weshalb sollte ich vor Leuten wie Ihnen Angst haben?

So ungefähr erläuterte ich, wie mir zumute war. Außerdem erinnerte ich mich, daß mein Freund Erich Fried es über sich gebracht hatte, den im Gefängnis einsitzenden Neonazi Michael Kühnen (eine seiner Parolen lautete: »Herbert Wehner, Willy Brandt – Volksverräter an die Wand!«) in der Zelle aufzusuchen.

Zwischen dem Mordhetzer Kühnen und Lemmer gab es nun doch Unterschiede.

Weil ich in die DDR bis zu deren Ende nicht einreisen durfte, fuhr ich jetzt oft dorthin und beobachtete die Erfolge der Jungnazis mit Grausen. In Lemmer hatte ich nun einen vor mir, der in Ost wie West zu ihren Führern zählte.

Wo lagen die Ursachen dafür?

Lemmer kommt aus einem keineswegs auffälligen Milieu, der Vater Meister und Betriebsleiter, die Mutter Friseurin und Hausfrau. Der ältere Bruder schämt sich des rechten jüngeren, ändert sogar seinen Namen in Lämmer, um nicht in Verbindung mit dem braunen Schaf der Familie genannt zu werden.

Zwischen Torsten Lemmers Bekenntnis *Ich hatte eine wunderschöne Kindheit* und dem Satz 30 Zeilen weiter *Regelrecht verschlungen habe ich die Landser-Hefte klafft* eine psychologische und logische Lücke. Oder es reicht aus, wenn erklärt wird, die Vorliebe für Kriegsschwarten und Ritterkreuzträger erbrachte die Aufmerksamkeit, nach der er gierte.

Weiter: *Schon früh entwickelte ich einen Hang zur Rebellion.* Mag sein, im rheinischen sozial-christ-demokratischen Minimilieu dreht Rebellentum im Uhrzeigersinn nach rechts. Mußte auf die linke APO eine rechte folgen?

Die Autobiographie des *Aussteigers*, unter welcher Flagge er segeln will, ist knapp gehalten, nicht ohne Witz und geprägt von fataler Schuldlosigkeit, die stellenweise sogar nachvollziehbar wirkt. Als der kleine Torsten lesen lernt, lernt er auch aufzufallen. Um diese Zeit waren linke Provokationen verbraucht. Wer aber ein Hakenkreuz an die Wand malte, erregte die Welt.

Ich unterlag einem ähnlichen Mechanismus. Als der Sänger von *Störkraft* in der RTL-Sendung seine dumpfen Naziblubber ertönen ließ, reagierte ich brachial, und der neben ihm sitzende Band-Manager erstrahlte vor Freude.

Dann schob ich mein Gesprächsangebot nach, und sie alle sahen aus wie begossene Pudel.

Lemmer erklärte kleinlaut, fast manierlich sein Einverständnis.

Neonazismus entsteht offenbar auch aus pädagogischer Verwahrlosung. Falsches Bewußtsein von Erwachsenen geht den Jüngeren in seiner abtarnenden Dürftigkeit auf die Nerven. Sie suchen nach Vorbildern und fallen auf die doppelt verlogene Heldentümelei herein. Der junge Nazi wird so närrisch und stolz wie seine Ahnen. Die zivilisatorische Lücke entsteht, werden der jugendlichen Energie keine adäquaten Ziele geboten. Das übliche Umfeld stumpft ab, bevor es abschreckt, und so findet der streunende und abenteuernde Knabe sein Maß bei Ritter- und Hakenkreuzlern, samt geheimnisumwitterten Führerfiguren wie Rudolf Heß, dessen Grabstätte in Wunsiedel zum Wundersiedel avanciert.

Wundergläubig sind sie alle.

Wie die Faust aufs Auge paßt zur deutschen Vereinigung Lemmers Satz: *Die Stimmung im Land war für uns.*

Die Medien im Land präsentierten gern originäre Nazis. Notfalls halfen Inszenierungen nach. Die Bonner Republik war selbst rechts genug inszeniert.

Der CDU-Bundestagsabgeordnete Herbert Czaja interessierte sich für Lemmer, der in die *Gemeinschaft Junges Ostpreußen* eintrat und den Vorträgen der Politprominenz von Dorothee Wilms bis Otto von Habsburg lauschte.

Beim *Deutschlandlied* sangen Lemmer und Kumpane begeistert alle drei Strophen. So kam er zu den *Republikanern* und von dort zu eigenen Vereinen. Und immer ging's gegen Linke, die Antifa und Ausländer, Zigeuner, Schwule, Juden, Asylbewerber: *Der rechte Flächenbrand breitete sich schier unaufhaltsam aus* ... Das sagt der rechte Aufsteiger, als er bereits Bedenken spürt und den Weg zum Aussteiger einschlägt.

Doch wie ernst ist das zu nehmen?

Vor dem Versuch einer Antwort darauf müssen wir jenen Typus näher kennenlernen, den wir hier vor uns haben und der sich abhebt von der Masse klischierter Glatzen, blöder Bomberjackenträger und bestiefelter Skins.

Nach dem Treffen mit Lemmer 1992 in Düsseldorf entwarf ich in einer kleinen Schrift die Szenerie des im deutschen Vereinigungsprozeß auflebenden jugendlichen Nazismus, wobei einige Wesenszüge Lemmers als Grundlage für das Porträt nachwachsender Rechtsintellektueller dienten. Hier der Text unter der Überschrift »Rettungsversuche«:

»Der junge Mann: Er ist zwanzig, ordentlich gekleidet, mit Vorliebe für Schwarz, die Frisur kurz gehalten, doch weniger Skin als eher Mamas Liebling, das Gesicht weich, mit Ansätzen zu Charakter, der Blick gesenkt, fast schuldbewußt, dazwischen zuckt es auf, ein Anflug von Widerspruch, Versuch von Empörung, nur spurenhaft, fast als habe eine Respektsperson auf den Jungen eingewirkt, daran denkt er, bevor er aufbegehrt, so zivilisiert er sich wieder, wird brav, gibt auf höfliches Anfragen Bescheid, ja, er habe bei den jungen Nationaldemokraten mitgemacht, sich getrennt, für Deutschland sei er trotzdem und noch immer, aber beileibe kein Nazi.

So gibt er Antwort, nett, leise, beherrscht, ein lieber Nationaler, der sich Leben und Karriere nicht versauen will und nur sein Land liebt. Der zehn Jahre ältere Bruder ist ein Grüner, die Familie sozialdemokratisch-bürgerlich; er fühlt, denkt, lebt rechts und anständig, sagt er mit leiser Stimme, als wär's ein Geständnis. Der Beobachter ist ratlos, weiß nicht, sitzt die zivile Ausgabe des Skinheads vor ihm, die Tarnfigur des neuen SA- Mannes, oder reicht das deutsche Spektrum wieder so vaterlandsumspannend weit, daß der Mantel der Volksseele alle umhüllt – von Horst Wessel bis Carl Schmitt, vom gestiefelten Sturmführer bis zu dem geschniegelten Alfred Rosenberg und Joachim von Ribbentrop?

Aber sieht der geschichtsbewußte Beobachter nicht seine aus Erfahrung und Leid stammenden Ängste in den arglosen Nachwuchs hinein? Wird der neuen deutschen Rechten ein Unrecht zugefügt, weil die alte deutsche Rechte, als Keule benutzt, dazu dient, die rechten Jungen zu prügeln?

›Warum sind Sie rechts in einem Land, das von der Rechten ins Unglück geführt wurde?‹ fragt der Beobachter den Jungen.

Die Antwort ist dürftig, kommt stockend, bleibt im vagen Ausdruck von Gefühlen stecken.

Der junge Mann leidet ganz ehrlich an Deutschland. Fühlt sich ›als Deutscher‹ benachteiligt. Rechtlos im eigenen Vaterland. Sein ›Stolz auf Deutschland‹ resultiert aus Unsicherheit und einem bänglichen Unterlegenheitsgefühl. Eine Atmosphäre lang andauernder Einsamkeit deutet sich an. Ein Vereinzelter sitzt da auf dem Stuhl, einer, dem niemand half, keine Schule, Familie, Partei, Kirche. So fand er die vermißte Geborgenheit in rechten Gruppen unter Kameraden, wo sie gemeinsam von großer Vergangenheit und ihren Helden schwärmen können. Was offiziell verpönt ist, ihnen verdichtet sich's zur Walhalla ihrer Idole.

Das kriminelle Reich der Vergangenheit gemeindet sie gemächlich, doch unaufhaltsam als Rächer der verlorenen Ehre des Deutschen Reiches ein. Die Demokratie erleben sie so lustlos-abstoßend wie ihre Großväter Weimar erlebt haben. Den Bundestag in Bonn verachten sie, wie der junge Adolf H. das Wiener Parlament bewertete – als Schwatzbude. So wiederholt sich der nationale Ekel als nationalistische Hybris.

Nicht die randalierenden Radaubrüder sind die wirkliche Gefahr, sie kommt aus den Köpfen der romantischen Idealisten mit ihren offenbar ewigen vaterländischen Schmalztöpfen. Soweit sie überhaupt noch Argumenten geneigt, für die Vernunft erreichbar sind, dürfen sie nicht aufgegeben, muß mit ihnen gesprochen, um sie geworben und gekämpft werden, als ginge es um die Errettung einer armen Seele.

Sollte alles vergeblich sein, hilft als letztes Mittel nur eine streng begrenzte Erziehungsdiktatur.«

Das war also anno 1993 so skizziert worden, und die Frage bleibt: Sind Neonazis resozialisierbar? Hilft Repression? Wie ist ihren Anführern zu begegnen? Wie dem Typus des nachwachsenden Rechtsintellektuellen?

Wer sich diesen Fragen mit dem Hochmut arroganter Besserwisserei zuwendet, hat schon verloren. Wer sie bagatellisiert, unterschätzt die stets aktuelle Wiederholungsanfälligkeit und die niedrige Abwehrschwelle des rechtsgeneigten Rechtsstaates.

Am 8. November 2000 beschloß das Bundeskabinett, beim Bundesverfassungsgericht einen Antrag einzubringen, der die NPD für verfassungswidrig erklärte. Statt des Parteiverbots erwuchs daraus die Legitimierung der Partei: »Die staatliche Exekutive selbst hatte sich über längere Zeit verfassungsfeindlich verhalten.« (Richard Albrecht) Mit anderen Worten, das Gericht vermochte die zu verbietende Partei und die darin befindlichen geheimdienstlichen Staats-Agenten nicht zu unterscheiden. Seither schweigt der tapfere Innenminister zum Komplex seiner Niederlage.

Scheiterten Schröder und Schily am Verbot der NPD, ist das politische Engagement des Einzelnen, der individuelle Ausstieg aus der rechtsextremen Szene gefragt.

Die Beschreibung dieses Vorgangs, der laut Lemmer für ihn bereits stattfand, liest sich im Buch cool und flüssig. Der Mann weiß als Autor zu formulieren. Die Szenen sind dramaturgisch aufs Ende hin mit Steigerungen versehen und so knapp wie einsehbar begründet. Es beginnt mit den Bedenken bei einem *Störkraft*-Auftritt in Zwickau, wo anderthalbtausend herbeigeströmte Skins in nazistische Tobsucht ausrasteten. Lemmer reagiert mit Abwehr-Zynismus und registriert zugleich den Zustand der neuen Bundesländer: *Die jungen Leute rebellierten gegen alles, was ihren Eltern heilig war.* Für diese Einsicht brauchten beamtete Akademiker zehn Jahre.

Im Kapitel 5 verstärkt sich die Skepsis des Autors. Kameradschaftsabende mit Filmvorführungen *Jud Süß* und *Der ewige Jude* werden bereits als *Gehirnwäsche* empfunden. Dazu fließen jeweils Ströme von Alkohol. Besoffenheit als rechter Normalzustand. Wer's wenigstens wahrnimmt, beginnt langsam auszuheilen. Lemmer: *Auf keinen Fall wollte ich Opfer der Propaganda-Filme werden. Darum stellte ich Dinge, über die der aufrechte Nazi gar nicht lange nachdenkt, in Frage. Zum Beispiel alles, was mit Fremdenfeindlichkeit zu tun hat.*

Da begegnet ihm als Fee eine märchenhaft attraktive islamische Marokkanerin, die sich durch das Zusammenleben mit ihm Anfeindungen ihrer Familie einhandelt wie er von seinen früheren Kumpanen. Von jetzt ab wird *er* bedroht. Wir kennen diese Situation von den konsequenten Aussteigern Ingo Hasselbach und Jörg Fischer. Beide können sich nicht ungeschützt in die Öffentlichkeit wagen.

Wie das bei Lemmer ist, weiß ich nicht. Das Leben eines erklärten Ex-Neonazis ist nicht einfach in der bürgerlich-sozialdemokratischen Berliner Republik, die in ihrer Unfähigkeit zur Abwehr rechtsradikaler Umtriebe immer deutlichere Züge von Weimar annimmt.

Bei der Schwärmerei für Ritterkreuzträger und ihr gespenstisches Überleben in lausigen Landserheften und anderen Volksausgaben für den dummen August traf der junge Torsten Lemmer sich mit anderen politischen Analphabeten. Sie suchen halt nach Helden. Ich erinnere mich gut ans Frühjahr 1944, als wir, aus der Front von Monte Cassino herausgezogen, nach Rom kamen. In den Schaufenstern lagen italienische Landserhefte mit Bildern von heroisch kämpfenden Bersaglieri und von uns, den *grünen Teufeln* der Wehrmacht. Wir bestaunten die behelmten Monster, die wir sein sollten und wohl auch waren, soweit es unsere soldatische und politische Borniertheit betraf.

Lemmer, im Absprung aus seiner rechtsextremen Kameraderie, sucht heute noch ratlos nach ideellen Fixpunkten und kehrt zu seinen einstigen FDP-Ikonen zurück. Er hatte die Honoratioren von Möllemann bis Westerwelle näher kennengelernt, wie er berichtet. Sein Idol aber fand und findet er in Dr. Erich Mende. *Der nationalliberale Bun-*

destagsabgeordnete und Ritterkreuzträger, der von der FDP zur CDU wechselte, war eines meiner großen Vorbilder. So Lemmer am Beginn seiner Lebensgeschichte und so auch am Ende mit Mende: *Schließlich gehört Erich Mende nach wie vor zu den Menschen, die auf mich nachhaltigen Eindruck gemacht haben. Ich finde, es gibt schlechtere Vorbilder.*

Das mag sein. Es gibt aber auch beträchtlich bessere als den geschniegelten Träger eines verdammten Blutordens, dem, wo nicht Verachtung, so zumindest ein kräftiges, spöttisches Auslachen gebührt, falls die Heillosigkeit des Hitler-Krieges überhaupt einen Ansatz zur Heilung bieten könnte. Mendes noch im Nachkrieg per Ritterkreuz verzierter Halsknorpel war das Kainszeichen eines nicht einmal versuchten Bruchs mit dem Eroberungs- und Vernichtungswahn des Dritten Reiches.

Wie wäre es stattdessen mit einem wirklichen Leitbild – dem Theologen Dr. Hermann Stöhr, der schon 1939 den Kriegsdienst verweigerte, als der Klerus den Polen-Feldzug noch freudig bejahte, ein Mann, der einen Tag vor Kriegsbeginn verhaftet und am 21. Juni 1940 geköpft wurde, wozu die theologischen Amtsbrüder ein Schweigen bewahrten, das noch bis in die Nachkriegszeit anhielt. Was ist an diesem ersten Totalverweigerer des 2. Weltkrieges, das ihn dem Vergessen anheimfallen läßt, während ein Mitläuferoffizier wie Mende im hehren Ordensglanz erstrahlt?

Hilft das Exempel Stöhr gegen *Störkraft* und kann aus Saulus tatsächlich ein Paulus werden?

Es geht nicht um diesen oder jenen Glauben, dem du anhängen kannst oder nicht. Es geht um einen vollständigen Bruch, der als halbes Experiment eben nicht genügt. Mende, der Hitlerarmee-Strahlemann und Deserteursbeschimpfer, wird hier zum Symbol für 5.000 Nazis und Skins, die in Hamburg gegen die Wehrmachtausstellung marschierten, welche Aktion Lemmer erwähnt, samt seiner eigenen aktiven Störkraft – *denn ich hatte meinen Teil dazu beigetragen, daß die Rechten wieder gemeinsam für ihre Sache kämpften.*

Diese Gemeinsamkeit reichte über die Parteien bis in den Bundestag hinein, in dem ein Hitler-Steigbügelhalter und Antisemit wie General Dietl zum Vorbild aufgeblasen über Jahre hinweg eifrige Fürsprecher fand. Es ist dieses Bündnis zwischen einer als Mitte getarnten Rechten in den Staatsstrukturen und ihren außerparlamentarischen Extremgruppen, das im Krisenfall autoritäre Freiheitsbeschränkungen ermöglicht. Verbindendes Element zwischen den Bundestagsrechtsauslegern und ihren externen Wurmfortsätzen ist die verweigerte Anerkennung von Fakten, wozu es allerdings schwerer Charaktermängel und konsequent unterlassener intellektueller Anstrengung bedarf. Wer ständig verkündet, daß der alliierte Bombenkrieg eine halbe Million deutsche Opfer forderte, aber verkennt, daß allein in der von der Wehrmacht eingeschlossenen Stadt Leningrad eine Million Menschen elend zugrundegingen, der begreift entweder diese Dimension der Realität nicht, oder er will sie nicht begreifen.

Lemmers Ausstiegs-Plan ist durch ein riskantes Experiment der Theaterleute Christoph Schlingensief und Peter Kern mit angeschoben worden. Lemmer wollte anfangs die Chance nur nutzen, sich und seine Rabauken auf der Bühne zu präsentieren. Doch statt der rechtsextremen Provokation findet ein Wandel der Provokateure statt.

Es liest sich so schön, daß man trotz gebotener Skepsis daran zu glauben geneigt ist.

Was ich ein Jahrzehnt vordem in Düsseldorf zu ahnen begann, brachten Schlingensief und Kern mit ihrer Inszenierung zuwege. Die Sache war mühevoll, eine Frucht schwerer Arbeit, sie blieb nicht verschont von Rückschlägen, dennoch sehen wir hier das Resultat ungewöhnlicher Kühnheit und unorthodoxer Lehr- und Lernmethoden vor uns. Das Hamlet-Experiment Schlingensiefs als kreativer Umgang mit rechten Aufsteigern, die den Ausstieg aus der

Neonaziszene riskieren wollen, scheint mehr Erfolg zu erbringen als das konzeptionslose, aufgeregte Geschwätz von zahlreichen Promis aus Politik und Unterhaltungsindustrie in allerlei zoologischen Galavorstellungen.

Bleibt die Frage des Antifaschismus, der in der DDR oft unredlich und von manchen orthodoxen Splittergruppen bis in die Gegenwart taktisch unklug benutzt wurde und wird, dennoch ist er notwendig.

Als verordneter Antifaschismus des Ostens denunziert, wird im Westen der Anschein geweckt, es gäbe keinen unverordneten, ergo originären Antifaschismus. Die herrschende politische und intellektuelle Klasse der Bonner Republik vermochte kaum Männer und Frauen vorzuweisen, die tatsächlich gegen Hitler gekämpft hatten, stattdessen waren die führenden Leute aufs engste mit dem Dritten Reich verbunden gewesen. Im bürgerlichen Westen fehlt die emotionale Nähe zum Widerstand. Der typische Bundestagsabgeordnete der 50er und 60er Jahre hatte den Krieg als Nazi, Mitläufer, zumindest als gehorsamer Soldat, meist Offizier, durchlebt. Die nachfolgenden jüngeren Generationen projizierten ihre Abneigung und Feindschaft auf die gleichen Personen wie ihre Vorgänger, so daß sich eine sämtliche Altersgruppen verbindende Kampfbereitschaft gegen alles Linke ergab – zu Kaiser Wilhelms Zeiten waren das die Sozialdemokraten, nach deren Einzug in Regierungsämter wurden es die Kommunisten, die ihrerseits auf sowjetischen Druck hin wiederum Feindschaften produzierten.

Inzwischen ist annähernd der Status quo von Weimar erreicht. Christ- und Sozialdemokraten verwalten das Land mehr schlecht als recht, die Juristen sind bis auf wenige Ausnahmen allerdings nicht so reaktionär wie ihre Weimarer Kollegen. Der Antisemitismus hat überlebt, wird aber gesetzlich in Schach gehalten, was gar nicht so leicht fällt, denn Israel rächt sich an den Palästinensern, als wären sie für die Shoa verantwortlich.

Die Kommunisten aber wurden 1989/90 besiegt, was die deutsche Niederlage von 1945 als vorübergehendes Ärgernis zu relativieren scheint. Soviel zum Fußabdruck der jüngsten Geschichte im kollektiven nationalen Nervensystem.

Wer es sich leicht macht, schwimmt in diesem morosen Mainstream bedenkenlos mit. Wer das nicht will, braucht zum Widerstand intellektuelles Interesse und ein wenig Charakter. Statt der Lektüre schmierig-romantischer Landserhefte könnte ein Blick in die *Bibel*, in Büchners *Hessischen Landboten* sowie ins *Kommunistische Manifest* nicht schaden. Da hilft keine bequeme Bürgerlichkeit weiter, deren politische Klasse riesenhaft ausschreitend auf der Stelle tritt und damit immer weiter zurückfällt.

Wir sollten nicht in romantische Schwärmereien geraten. Ich versetze mich ins desillusionierende Kriegsjahr 1943/44. An manche Dinge erinnere ich mich nicht mehr, an andere ungenau, in meinen Aufzeichnungen von früher lesend versuche ich mir die damalige Situation vorzustellen. Was waren wir für Menschen? Was dachten wir? Fühlten wir?

Waren wir Soldaten Nazis?

Als ich einen Leutnant nächtens nach hinten begleiten mußte, den Ersatz in die Stellung zu holen, wußten wir genau Bescheid. Frisch ausgebildete Rekruten, die den Krieg noch nicht kennen, besitzen schlechte Überlebenschancen. Die meisten von ihnen erwischt es in der ersten Zeit. Als älterer Hase weiß man das, doch erinnere ich mich nicht, daß der Leutnant und ich die frischen grünen Jungs mit Mitleid betrachtet hätten.

Bei der Einweisung in der zerstörten Scheune betrachtete ich, während der Leutnant sprach, die neue Fuhre mit Gleichgültigkeit. Ja, mit einem leisen Anflug von Verachtung.

Wir waren etwa gleichaltrig, nur waren sie als 18jährige eingezogen worden, während ich mich schon als 17jähriger freiwillig gemeldet hatte. Hinter mir lagen anderthalb

Jahre Militärzeit, davon mehr als sechs Monate an der Front. Ich blickte mit dem Hochmut des eisgrauen Kämpfers auf den Nachwuchs, und als sich herausstellte, daß es sich durchweg um Abiturienten und Napola-Schüler handelte, verhärtete ich noch mehr, denn die Typen wollten aufsteigen und Offizier werden. Nur mußten sie, um das zu erreichen, die kommenden Tage und Wochen erst einmal überleben.

Als ich mir dies durch den Kopf gehen ließ, wußte ich nicht, daß der erste Aderlaß gleich anschließend beim Marsch in die Stellungen erfolgen würde.

Wenn ich mir unsere Blödheit von 1943/44 vergegenwärtige, stellt sich automatisch das fatale Gefühl der Gleichgültigkeit und Verachtung ein, mit dem ich den jungen Schlachtfeldnachschub betrachtete. Genau diesen Eindruck rufen heutige Neonazi-Aufmärsche in mir hervor, inklusive ihrer Krawalldemonstrationen gegen die Wehrmachtausstellung, die mir, weil ich zur Eröffnung in mehreren Städten sprach, in ihrer ganzen Pracht vor Augen und zu Ohren kamen. Die üble Erfahrung versetzte mich erst in Wut, dann in Verachtung, und schließlich fühlte ich mich alarmiert genug zum antimilitaristischen und antifaschistischen Protest.

Die neuen Nazis skandierten Parolen wie *Ruhm und Ehre unserer Wehrmacht* oder *Mein Großvater war kein Verbrecher ...*

Manche von uns Großvätern waren eben doch Verbrecher, und wenn nicht, so nahmen sie als dumpfe gehorsame Befehlsempfänger an dem Verbrechen des Krieges teil.

Als ich auf der Frankfurter Buchmesse 2003 am Stand der Berliner Eulenspiegel Verlagsgruppe vom zufällig vorbeikommenden Lemmer angesprochen wurde, stellte er meiner Frau Ingrid und mir seine marokkanische Frau Saida vor.

Ingrid sagte leise zu mir: »Nicht zu fassen, die Ehe mit dem netten Mädchen als Alibi?«

In Lemmers Buch steht, daß er Saida gefragt hatte: »Würdest du einen Christen heiraten, der bis vor kurzem auch noch Nazi war?«

Und einige Seiten weiter versichert er: »Wichtig ist, daß der Ausstieg im Kopf stattfindet.«

Da hat einer sich viel vorgenommen.

Und noch ein Lemmer-Versprechen: »Dazu gehört natürlich, daß jede Art von Gewalt abgelehnt wird.«

Das klingt so schön wie Kirchenglocken aus der Ferne. Warten wir mal ab, die Probe auf den Pudding ist das Essen ohne zu kotzen.

Beim neuerlichen Zusammentreffen mit Torsten Lemmer auf der Frankfurter Buchmesse 2003 begriff ich erst die wirkliche Ursache für mein Interesse von 1992. Als ich ihn damals bei der RTL-Sendung kennenlernte, erinnerte er mich an ein Gesicht, das ich vergessen hatte und nun plötzlich vor mir zu sehen meinte.

Unter dem Ersatz, den ich mit nach vorn in die Frontstellung gebracht hatte, befand sich ein Napola-Schüler, der sich an mich anschloß. Wir hoben unser Schützenloch zusammen aus, ich lehrte ihn die notwendigen Überlebenstricks, er erwies sich als belehrbar, bis auf einen Rest von Übermut, nein, Sportsgeist, der ihn den Kopf kostete.

Schnell hatte ich ihm eingetrichtert, wie man sich im einsehbaren Gelände bewegte, und der Junge erwies sich als sportlich so trainiert, daß ihm auch lange Strecken, die auf dem Bauch gerobbt werden mußten, nichts ausmachten.

Nur einen Fehler legte er nicht ab, irgendwann, meist kurz vor dem Ziel, packte es ihn, er sprang auf und legte die letzten Meter aufrecht gehend zurück. Es war nicht unbedingt Angabe und Protzerei, sondern mehr der Leichtsinn eines jungen Mannes, dem körperliche Strapazen nichts ausmachen und der obendrein noch zeigen will, daß er keine Angst kennt.

Soviel ich darüber schimpfte, zumal damit ja die genaue Lage unseres Schützenlochs angegeben wurde, es nützte nichts. Das Ende kam durch einen Granatwerfervolltreffer. Die Geschosse gehen im Unterschied zu Artilleriegranaten steil nach oben und kippen ebenso steil nach unten. Es muß ihn direkt am Kopf erwischt haben. Von Kopf und Hals blieb nichts, Brust und Rücken klafften zwischen den Schultern tief auf, eine Blutfontäne schoß heraus.

Da wir kurz danach die Stellung aufgaben, blieb die Leiche verklumpt liegen. Von der neuen Stellung aus, hundert Meter weiter zurück und auf einer sanften Anhöhe gelegen, sah ich den Menschenrest als leichte Erhebung. In der zweiten Nacht schlich ich nach vorn und warf einige Spaten Erde drüber. Es wurde bemerkt oder gehört, und von dem Beschuß fuhr mir ein winziger Splitter in die rechte Wade.

Aus Angst, die Eigenmächtigkeit könne bestraft werden, meldete ich meine Verwundung nicht. Sie eiterte und machte mir tagelang Beschwerden, bis der Sanitäter mit der Pinzette den Splitter fand und herauszog. Ich gab an, ich hätte den Kratzer gar nicht bemerkt, was zu der beim Militär üblichen Übertreibung führte. In den Augen der andern war ich der »Mann, der nicht bemerkt, wenn ihm das Bein abgeschossen wird«.

Der Napola-Junge hingegen war längst vergessen. Es hatte ihn in der kurzen Zeit auch kaum jemand kennengelernt, außer mir. Und ich vergaß ihn ebenso. Er hatte sich sein schnelles Ende durch Stolz und Übermut hinreichend verdient.

Die Kriegsszene von 1943/44 schilderte ich 1988 in einem Buch. Erst 2003 erlebte ich beim Anblick Lemmers das frappante déjà vu, plötzlich tauchte der junge, von einer Granate zerrissene Napola-Schüler aus dem Gedächtnis auf.

Die üblichen stupiden Gesichter der marschierenden Neonazis von heute rufen lediglich Abwehr und Wut hervor.

Lemmer hob sich schon rein äußerlich deutlich ab von der Kohorte, und endlich scheint er sich auch innerlich von den Schlägern, Schreihälsen und Saufkumpanen getrennt zu haben.

Seit längerem und neuerdings vermehrt wird die 11. Feuerbach-These von Karl Marx zitiert: »Die Philosophen haben die Welt nur verschieden interpretiert, es kommt darauf an, sie zu verändern.« Die Interpretation dieser Maxime durch den Philosophen Ernst Bloch legt nahe, eine Variante hinzuzufügen: Die Philosophen haben die Welt nur verschieden interpretiert, es kommt darauf an, sich zu verändern. Beide Sätze können ein Angebot zur sowohl individuellen wie revolutionären Lebensführung sein.

Anno 1990, noch während der Wendewirren, saßen der Futurologe Robert Jungk und ich in einer politischen Talkshow in Westberlin. Auf der Gegenseite präsentierten sich Dutzende von Bundeswehroffizieren in Uniform, die zu tragen bis dahin in Berlin nicht gestattet war. In der Diskussion ging es heiß her und hart zur Sache. Unter unseren Kontrahenten tat sich besonders der CDU-MdB und Ex-Verteidigungsminister Rupert Scholz hervor. In der Sendepause erhob sich der neben mir sitzende Robert Jungk und nahm gegenüber, mitten unter den Offizieren Platz, die ihn verwundert bis verständnislos anstarrten.

Die Talkshow ging in die zweite Runde, Jungk kam zurück und erklärte, daß alle es hören konnten: Und trotzdem Frieden schaffen ohne Waffen.

Es muß nur einer anfangen damit.

1. KAPITEL

Der Anfang ist immer am schwierigsten. Vor allem bei einem Buch. Das ist der Anfang eines Buches.

Sie haben schon viele Bücher gelesen und noch nie hat eines so angefangen? Das ist gut so. Denn wenn mich etwas immer gereizt hat, dann war das, Dinge anders zu machen. Das hatte nichts damit zu tun, ob sie nachher besser oder schlechter waren.

Aber eben anders, gegen den Strom.

Dabei deutete wirklich nichts darauf hin, daß unser Einfamilienhaus in Düsseldorf-Vennhausen die Brutstätte eines der »gefährlichsten deutschen Neo-Nazis« sein könnte, wie es in einer Buch-Dokumentation zu einer ARD-Serie heißt. Im Gegenteil.

Mein Vater war Meister bei einem großen Düsseldorfer Konzern, wurde später sogar Betriebsleiter. Als ich am 26. April 1970 auf die Welt kam, gab meine Mutter ihren Beruf als Friseurin auf, um sich ganz mir und meinem zehn Jahre älteren Bruder widmen zu können.

Daß am gleichen Datum Hitlers Stellvertreter Rudolf Heß geboren wurde und sechs Tage vorher »Führers Geburtstag« war, dafür kann ich wirklich nichts – auch wenn es heute immer noch viele Leute gibt, die mir selbst das gern vorwerfen würden.

Ich hatte eine wunderschöne Kindheit. Das erste Spielzeug, an das ich mich erinnere, war ein beigefarbener Teddy, den ich überall mit hinschleppte. Dann kamen die Matchbox-Autos.

Wenn mein Bruder schlief, ließ ich meine Autos auf ihm fahren.

Der ahnte damals noch nicht, daß er später einmal unseren Familiennamen mit »ä« schreiben würde, nur um nicht mit mir in Verbindung gebracht zu werden.

Nicht nur meine Mutter nahm sich Zeit für mich, auch mein Vater und mein Opa beschäftigten sich viel mit mir.

Als ich zehn Jahre alt war, überredete ich meinen Großvater, mit mir in die Phillipshalle zu gehen. So erlebte ich mein erstes Rockkonzert: Das war *Kiss* auf ihrer »Unmasked«-Tour. Seitdem habe ich kein Konzert versäumt, wenn die Band in der Nähe war. Mich faszinierte nicht nur die Musik. Auch das Marketing-Konzept war gigantisch.

Kiss war die erste Gruppe, die mit dem Verkauf von T-Shirts, Gürteln oder anderen Fan-Artikeln mehr verdient hat als mit der Musik. Das fand ich sehr clever und nachahmenswert.

Noch ein weiteres Erlebnis im folgenden Jahr sollte mich prägen. Heiligabend nahm mich mein Opa mit ins Kino: »Das Boot«.

Der Film beflügelte meine Phantasie. Ich wollte wissen, wie es wirklich war und sammelte alles über den Krieg und die deutsche Geschichte, was ich bekommen konnte. Ich stöberte auf Flohmärkten nach alten Wehrmachtsorden, Heften und Büchern.

Regelrecht verschlungen habe ich die Landser-Hefte, die es in der Bücherei am Hauptbahnhof gab. Darin abgebildet war auch immer ein Ritterkreuzträger. Diesen schnitt ich aus und klebte die Bilder an die Wand im Kinderzimmer. Andere hatten den Bravo-Starschnitt mit Nena und ihren dicken Haarbüscheln unter den Achselhöhlen – das war normal. Von meiner Galerie der Ritterkreuzträger wußten bald alle in der Schule. Denn das war etwas Besonderes, eine »Nachricht«, die sich von Schulbank zu Schulbank verbreitete.

Daß man sich mit Politik beschäftigte, galt in unserer Familie als ganz normal. Meine Eltern sind liberal eingestellt, mein Opa war SPD-Mitglied und engagierter Gewerkschafter. Das zog sich wie ein roter Faden durch die weitere Verwandtschaft. So war ein Onkel von mir Redakteur bei dem DKP-Parteiorgan »UZ«, eine meiner Tanten ist noch heute SPD-Gemeinderatsmitglied in Rheinland-Pfalz, eine andere engagierte sich bei den Kommunisten. Ich half ihr manchmal, wenn sie Partei-Blättchen verteilte. »Flaschenpost« hieß die Zeitung der DKP für die Mitarbeiter der Gerresheimer Glashütte, die »Rohrpost« gab es bei uns in Vennhausen. Ich war auch mal dabei, als meine Tante die Mitgliedsbeiträge kassierte. Das wurde damals noch bar an der Haustür abgewickelt.

Ich wußte damals nicht genau, was Provokation bedeutete, aber ich hatte schon als Kind keine Lust, mir Vorschriften machen zu lassen, weder in der Schule noch zu Hause. Schon früh entwickelte ich einen Hang zur Rebellion.

Ein bekannter Kabarettist hat mal gesagt: »Das einzige, mit dem man seine Eltern noch schocken kann, ist, wenn man ›Heil Hitler!‹ schreit.« Tatsächlich funktionierte das hervorragend, vor allem bei meinen Tanten und Onkeln. Meine Eltern sind sehr ruhig geblieben. Sie haben immer fest damit gerechnet, daß sich mein Faible für Landser-Hefte und rechtes Gedankengut mit der Zeit von selbst »auswächst«.

Nach der Schule gingen wir noch oft bei einem An- und Verkaufsladen vorbei, wo man Landser- oder Perry Rhodan-Hefte aus zweiter Hand bekam, ich glaube, das Stück für 30 Pfennig. Der Besitzer, ein Türke, steckte zu den Heften auch anderes, was er irgendwo erstanden hatte und seiner Meinung nach dahin paßte. So stieß ich beim Stöbern eines Tages auf eine Ausgabe von »Mein Kampf«. Es war die kommentierte Moewig-Ausgabe, die ich mit nach Hause nahm. Mit den Rassen-Theorien und den schwulstigen Worten konnte ich nichts anfangen. Allerdings beschäftigte mich die Frage sehr, wie ein Mann, der für mich wie eine Karikatur wirkte – spätestens seit Charlie Chaplins »Diktator« –, so unglaublich mächtig werden und die ganze Welt in einen gigantischen Krieg verwickeln konnte. Im übrigen hielt ich Hitler für einen Dummkopf. Denn ich hatte mich mit der deutschen Soldatengeschichte beschäftigt und wußte, daß viele deutsche Juden im Ersten Weltkrieg für ihre Tapferkeit ausgezeichnet worden waren. Ich war damals der festen Überzeugung, daß die Judenverfolgung Deutschland viel Kraft entzogen hat und vielleicht sogar kriegsentscheidend war.

Im übrigen fand ich die Farbe Braun schon aus ästhetischen Gründen für eine Revolution völlig ungeeignet.

Der Mann hatte einfach keinen Geschmack.

Am liebsten waren mir Informationen aus erster Hand, denn ich wollte mir ein eigenes Bild über das machen, was im Dritten Reich geschehen ist. Ich beschäftigte mich mit Filmen aus alten Wochenschauen, die man für den Geschichtsunterricht ausleihen konnte. Immer wieder sah ich mir die Rede von Joseph Goebbels im Berliner Sportpalast an: »Wollt Ihr den totalen Krieg?« Ich habe mir überlegt, was passiert wäre, wenn dort kein Jubel ausgebrochen wäre und alle geschwiegen oder »Nein« gerufen hätten. Es hätte auch schon gereicht, wenn nur jeder Zweite nicht den Arm zum Hitler-Gruß hochgerissen hätte. Aber es war offenbar kein Zufall, daß nicht Hitler, sondern Goebbels diese Propaganda-Rede gehalten hat. Er war für mich der Architekt des Machtapparates, der eine schon damals umstrittene Gestalt wie Adolf Hitler in diese Machtposition bringen konnte. Goebbels war der erste, der die Macht der Medien erkannt hatte und sie für sich und die Bewegung nutzte.

Für mich war Goebbels derjenige, der die Macht in Händen hielt – und auch die kleine braune Vogelscheuche. Die Person Goebbels beeindruckte mich total.

Natürlich machte ich mir auch Gedanken darüber, was in den Köpfen der Menschen vorgegangen sein mag, die im Sportpalast mit unglaublicher Euphorie für Deutschland in den Krieg ziehen wollten. Diese Entschlossenheit hatte für mich auch etwas Faszinierendes, zumal viele meiner Altersgenossen schon lange vor der Musterung sich darüber Gedanken machten, wie sie sich erfolgreich vorm Dienst beim Bund drücken konnten. Ich wollte mich nicht in den Krieg stürzen, aber ein bißchen von der Begeisterung der Menschen im Sportpalast hätte ich mir doch gewünscht.

Daß ich anders war als meine Mitschüler, fiel auch meinen Lehrern auf. Sie schickten mich schließlich zum Schulpsychologen.

Auf die Sitzungen habe ich mich immer gefreut, denn der Doktor hat mit mir im Büro Fußball gespielt. Das fand ich sehr lustig.

Ich wurde auf Friedens-Demos mitgeschleppt und zur 1. Mai-Kundgebung in den Hofgarten. Nach dem Samstagseinkauf stoppten wir regelmäßig an irgendwelchen Info-Ständen.

Da gab es Luftballons, und das fand ich toll.

Immer waren sie rot, manchmal stand SPD drauf, oft auch DKP.

Das war mir aber völlig egal.

Zwei Männer, die sich an einem Partei-Werbestand laut angeschrien hatten, brachten mich darauf, daß die Erwachsenen es mit der Politik doch nicht so ernst meinten, wie es ausschaute. Ein paar Tage später waren wir mit der Familie essen – da saßen die beiden Männer zusammen an der Theke, tranken miteinander Bier und verstanden sich offensichtlich prima. Das verwirrte mich ein wenig.

Zu jener Zeit redete ich mit meinem Großvater viel über Politik. Als ich zwölf Jahre alt war, schrieb mein Opa an den Bundeswahlleiter und ließ mir die Programme von allen 63 angemeldeten Parteien schicken. Ich habe alles gelesen. Mit Begeisterung studierte ich die Papiere der Haas-Eyb-Partei. Das war eine Familie, die sich zur Wahl stellte. Spannend fand ich auch die Bayern-Partei.

Aber am Ende hatte ich meinen Favoriten gefunden.

Das war die NPD. Die trat damals mit Parolen wie »Nein zur EG« und »Ausländerstop« an. Das erschien mir einfach und einleuchtend und brachte viele Menschen regelrecht zur Weißglut.

Das gefiel mir besonders gut bei denen, die ich sowieso nicht leiden konnte.

Ich ging keinem Streit aus dem Wege, was meine Schullaufbahn empfindlich störte, denn es gab jede Menge Tadel und Klassenbucheintragungen. Ich hatte auch wenig Zeit. Denn mit 14 Jahren entschloß ich mich, die »Verlegerlaufbahn« einzuschlagen. Ich gründete »Die Rose«, eine Schülerzeitung mit 500er Auflage, die in mehreren Schulen im Düsseldorfer Süden verkauft wurde. Später wurde daraus der »Tannenhof-Telegraph«, danach die »Düsseldorfer Jugendzeitung«, von der immerhin 2500 Exemplare gedruckt wurden.

Zunächst schien niemand ernstzunehmen, daß ein 14jähriger allein eine Zeitung auf die Beine stellen würde. Aber als das erste Exemplar tatsächlich erschienen war, gab es jede Menge Unterstützung.

Und das erste eigene Büro.

Denn im »Haus des Deutschen Herold« war noch Platz.

Die Versicherungsleute hofften, auf diese Weise an junge Leute heranzukommen, die bei ihnen Verträge abschlossen. Sie verzogen auch nicht die Miene, als ich zwei Kaninchen, einen Hamster und zwei Papageien als Bürogemeinschaft mitbrachte, die ich zu Hause nicht halten durfte. Wenn die beiden Hamster durch das Schaufenster liefen, blieben Leute auf der Straße stehen und lachten.

Das nahmen »meine Kollegen« noch hin, nicht aber die hohen Telefonrechnungen, die sich aus der regen Geschäftstätigkeit meines Schülerzeitungs-Verlages ergaben. Sie hatten nach vier Monaten eine solch schwindelerregende Höhe erreicht, daß ein Herr von der Versicherung bei uns daheim vor der Tür stand und ein ernstes Gespräch mit meinem Vater führte. Der brachte mir anschließend schonend bei, daß mein Gastspiel beim »Deutschen Herold« beendet war.

Aber ich hatte Blut geleckt und wollte auf den Luxus eines eigenen Büros auf keinen Fall wieder verzichten. Ein großer Vorteil war, daß ich als selbständiger Verleger auch in den Verbänden der Jugendpresse einen rasanten Aufstieg hingelegt hatte. Ich wurde schnell Kreisvorsitzender des Dachverbandes der Jugendpresse für Düsseldorf und den Kreis Mettmann. Ich engagierte mich in der Landesjugendpresse und der Arbeitsgemeinschaft *Liberale Schüler.*

Ich hatte echte Erfolge vorzuweisen. Immerhin schaffte ich es, als 14jähriger ein Interview mit dem alten Rockabilly-Star Ted Herold zu führen, als der zur Eröffnung eines Möbelhauses auftrat. Ich war mächtig stolz auf diesen ersten großen journalistischen Erfolg. Die Begeisterung für die alten Rock'n'Roller wie Chuck Berry oder Gene Vincent hatte ich von meinem Vater geerbt. Als der Rockabilly in den 80er Jahren mit Bands wie Matchbox oder den Stray Cats eine Renaissance erlebte, war ich hingerissen.

Ich mußte unbedingt eine schwarze Lederjacke haben.

»Das kommt gar nicht in Frage«, versuchte mir meine Mutter klarzumachen. Sie hatte nicht damit gerechnet, daß ich in den alten Fotos gestöbert hatte. Dort fand ich mehrere Bilder von einem jungen Mann in schwarzer Lederkluft – das war mein Vater.

Weitere Argumente waren unnötig, ich bekam meine Lederjacke.

Diese trug ich stolz durch die Stadt. Was mir noch fehlte, waren die richtigen Schuhe dazu, natürlich auch in Schwarz und mit Spitze.

In der Altstadt gab es abgedrehte Läden, wo man alles bekam, was aus Leder herzustellen geht. Gleich gegenüber dem »Dallas Inn« stand ein Stromkasten. Dort traf sich täglich die Rockabilly-Szene zum Saufen, Rauchen und zu gemeinsamer Prügel-Touren.

Die Truppe quatschte ich einfach an: »Ich brauch die richtigen Schuhe zur Jacke. Habt ihr da 'nen heißen Tip?«

Die Truppe musterte mich von oben bis unten. Schließlich war ich mit meinen 14 Jahren für einen Rockabilly noch ziemlich jung.

»Da mußt du aber lange dein Taschengeld sparen«, antwortete schließlich eine großgewachsene Glatze, die von allen am meisten nach Bier stank und offenbar der Anführer war. Immerhin kannten sie das passende Geschäft, und als ich eine halbe Stunde später mit neuen Schuhen zurückkam, waren die Jungs beeindruckt. Denn ich hatte offenbar Geld, was mich von den meisten anderen unterschied.

Das war meine Eintrittskarte.

Ein paar Tage später war ich auf meinem ersten Konzert der *Panhandle Alks*, eine wilde Rockabilly-Truppe, die ein paar Mal am Abend ihren Hit »Alkabilly« spielte. Die Szene war damals diffus.

Da gab es neben den Rockabillys noch Scout Boys, Teds, Mods, Psychobillys, Rude Boys und Skins. Auch die Skinheads waren damals keine homogene Gruppe. Neben den rechten gab es auch linke Skins und dann noch eine relativ große Gruppe, die einfach fand, daß Glatzen schön aussehen.

Mir fiel auf, daß eine Skin-Truppe oft fehlte, wenn wir uns an den Wochenenden zu Sauftouren trafen. Ich fragte nach.

»Wir fahren nach Bielefeld«, verriet mir einer als Grund.

Ich wunderte mich: »Bielefeld, Blödsinn, da ist doch der Hund begraben«.

»Is' kein Blödsinn. Da ist das Haus der Nationalen Front«, antwortete die Glatze schroff, »das bewachen wir an den Wochenenden, wenn die linken Schweine uns die Scheiben einwerfen wollen.«

Das imponierte mir. Die Jungs hatten eine Aufgabe. Und ein richtiges Deutschland-Treffen, so wie die Punker ihre Chaos-Tage. Wir Rockabillys hatten so etwas nicht.

Direkt neben dem »Dallas-Inn« war das »Jollypub«, eine Musikkneipe, in der auch getanzt wurde. An den Wochenenden legte mein Bruder dort auf. Aber in der Woche kam kaum jemand, es herrschte gähnende Leere. Ich versprach dem Wirt, daß ich dafür sorgen würde, daß der Laden auch dienstags und donnerstags voll würde, wenn er mich und meinen Freund Jörg, einen gutgebauten Psychobilly, als DJs engagierte.

Da der Mann dachte, er hätte nichts zu verlieren, war das Geschäft per Handschlag abgemacht. Und tatsächlich war der Aufschwung im »Jollypub« unübersehbar, wenn wir unseren »Fun-Mix« auflegten. Daß ein paar Skinheads unter den Gästen waren, störte nicht weiter, denn die machten eine gute Zeche, und das war ja der Sinn der Sache. Vor allem, wenn ich zwischen Songs aus der Hitparade immer mal ein Lied von den »Böhsen Onkelz« auflegte. Die Jungs tobten, wenn ich »Die Stunde des Siegers« auf den Plattenteller legte:

Du erträgst die Erniedrigung mit einem Lächeln im Gesicht,
doch was mal aus dir werden soll, das weißt du nicht,
der eine hat's, der andere nicht, doch das hast du nicht so gemacht,
dein Weg führt dich über dunkle Straßen, hörst du, wie man über dich lacht?

Doch laß sie lachen, lasß sie schreien, bis ihr Rotz sie erstickt,
denn bald ist deine Zeit gekommen, jede Stunde schlägt für dich,
dann tanzt du auf ihren Köpfen, bis das Hirn aus den Augen quillt,
siehst du das Zappeln ihrer fetten Leiber, hast du dein Ziel erreicht.

Der Refrain brachte die Skins völlig aus dem Häuschen. Doch die anderen Gäste störte das nicht. Im Gegenteil. Viele mochten die knallharte Rockmusik, die Texte waren nicht so wichtig. Und da am Ende die Kasse stimmte, waren alle zufrieden:

Die Stunde des Siegers kommt für jeden irgendwann,
für dich, für mich, für jeden irgendwann,
die Stunde des Siegers, nutze sie,
zeig ihnen, wer du bist, spuck ihnen ins Gesicht, ins Gesicht.

Ich ging noch weiter und fing an, kleine Gewinnspiele zu veranstalten. »Wie hieß der Stellvertreter von Adolf Hitler, der seit mehr als 45 Jahren eingesperrt ist?«

Wer die richtige Antwort wußte, bekam ein Alt als Belohnung.

Fanden die »Böhsen Onkelz« noch Zustimmung, stießen die Gewinnspiele jemandem böse auf. Wir wurden verpfiffen. Eine Woche später nahm meine DJ-Karriere ein abruptes Ende. Als ich gerade eine CD von den *Ramones* in der Hand hatte, flog plötzlich die Tür auf, vermummte Gestalten stürmten herein, Gläser gingen zu Bruch. Ein SEK-Beamte warf mich zu Boden, drehte mir den Arm brutal auf den Rücken und knurrte so etwas wie »Nazi-Bürschchen«.

Ich wurde zum ersten Mal im Polizeipräsidium erkennungsdienstlich behandelt und zu mehreren Stunden Arbeit in einer sozialen Einrichtung verdonnert.

Ich weiß nicht, ob mich das brutale Vorgehen des Sondereinsatzkommandos ermutigt oder provoziert hatte. In der Folgezeit sank auch meine Hemmschwelle.

Vielleicht war es auch der normale Lauf. Zu den *Panhandle Alks* gehörten auch die *Panhandle Rebels*, eine Art Fan-Club, der keine Prügelei ausließ. Wenn man in der Altstadt von weitem das gegrölte »Aaalkabilly« als Schlachtruf hörte, wählte man besser einen Umweg.

Ich erinnere mich noch genau daran, wie ich einem Typen seinen Regenschirm über den Kopf zog, weil er mich so dämlich angegrinst hatte. Es machte mir einfach Spaß, dem Kerl das Maul zu polieren, obwohl er mir nichts getan hatte.

Das trug mir eine Strafanzeige wegen schwerer Körperverletzung ein.

An den Wochenenden zogen wir los, um uns zu prügeln. Wir schlugen uns mit Punkern, Poppern, Teds, Mods. Die Jungs droschen auf Jungs ein, die Mädchen auf Mädchen. Manchmal mischten auch Fußball-Fans mit, die nach oder vor dem Bundesligaspiel die Altstadt bevölkerten. Ob sie »Freunde« oder »Feinde« waren, hing von unserer Tagesform ab. Oder vom Wetter. Kurzum: Es war völlig egal.

Beliebt waren die nächtlichen Ausflüge in die Düsseldorfer Vorstadt Meerbusch, um im Park »Millionärs-Söhnchen« zu klatschen.

Es machte Spaß, sich ohne Grund zu schlagen. Noch besser fühlte man sich jedoch, wenn wenn es einen Grund gab. Wie bei Lars. Der war ziemlich pummelig und sah auch nicht gut aus. Aber er hatte etwas, das ich unbedingt haben wollte.

Lars war der Freund von Anja, einem Mädchen mit rotblonden, unglaublich langen Haaren, das ich in der Diskothek »Linelight« (heute befindet sich dort das »Dr. Jazz«) zum ersten Mal sah. Anja war zwei Jahre älter als ich und damit für einen 15jährigen praktisch unerreichbar. Aber ihren Typen konnte ich erreichen.

Erst als ihm das Blut aus der Nase floß, war ich zufrieden. Von da an sorgte Lars dafür, daß wir im »Linelight« immer schnell etwas zu trinken bekamen. Nicht ganz billig, denn ich mochte schon damals kein Bier und hatte eine Schwäche für Whisky Cola.

Ich hatte mich abgefunden, daß Anja jetzt erst recht nichts mehr von mir wissen wollte. Die Prügelei hatte aber Lars aus dem Rennen geworfen: Anja fand dessen unterwürfiges Getue, wenn ich den Laden betrat, offensichtlich nicht gut. Sie hatte anderes von ihm erwartet.

Es folgten unzählige Alkohol-Exzesse, Abstürze, Filmrisse, Schlägereien, mal mit, mal ohne Strafanzeigen. Ich fing an, mich bei den Predigern herumzutreiben, einer Motorrad-Gang, deren Motto mir gefiel: »Auge um Auge, Zahn um Zahn«. Sie lieferten sich später einen Bandenkrieg mit dem Motor-Clan und zogen dabei den kürzeren. Danach gab es keine Prediger mehr.

In einer jener Nächte saß ich völlig betrunken in der Altstadt, ich konnte nicht mal mehr stehen.

»Hey, ist mit dir alles in Ordnung?« fragte mich jemand und schüttelte mich an der Schulter.

Hinterm trüben Alkoholschleier schimmerten rote Haare.

Ich merkte, wie ich in ein Taxi geschoben wurde.

Meine Eltern atmeten erleichtert. Nicht zum ersten Mal hatten sie sich große Sorgen gemacht. Mein Zustand schien ihnen so bedenklich, daß sie Anja – in völliger Unkenntnis unserer Nichtbeziehung – zum Bleiben aufforderten.

Anja blieb.

Zehn Jahre lang. Sie war meine erste große Liebe.

Meine Karriere in den Verbänden der Jugendpresse wurde durch meine nächtlichen Eskapaden nicht weiter gestört. Im Gegenteil. Ich stieg in der Arbeitsgemeinschaft *Liberale Schüler* schnell bis an die Spitze und wurde Vorsitzender der Landesjugendpresse. Vor allem die FDP engagierte sich bei der Nachwuchsarbeit, aber wir nahmen auch gern mit, was die anderen Parteien anboten. Ich erinnere mich an ein Seminar vom Verband Deutscher Nachwuchs-Journalisten (VDN) in Bergisch-Gladbach, an dem ich mit zwanzig »jungen Journalisten« teilnahm, darunter ein paar von meinen Skinhead-Freunden. Man wunderte sich zwar, welch eigenartige Mitarbeiter die Landesjugendpresse hatte, die Veranstalter gaben sich aber betont freundlich. Was tat man nicht alles für den potentiellen Parteinachwuchs. Einer der Skins schaffte es nachts nicht mehr bis auf das Klo und legte seinen Haufen in einen Abfalleimer. Dann putzte er sich mit seinem Feinripp-Unterhemd den Hintern. Beim Frühstück wunderten sich alle über den etwas strengen Geruch.

Mit Hilfe der *Liberalen Schüler* kam ich an ein Büro an der Erkrather Straße in der Nähe des Hauptbahnhofs. Das hatte eine kleine Küche, ein Archiv, einen Kopierer und ein Fax-Gerät.

Und genug Platz für meine Hasen, Hamster und Papageien.

Schon bald erschloß ich mir auch eine neue Einnahmequelle.

Gegen eine Gebühr von 100 Mark vermittelte ich Presseausweise. Die waren begehrt, weil man damit kostenlos ins Kino und zu vielen Veranstaltungen gehen konnte. Die Absichtserklärung, daß man in ein oder zwei Jahren journalistisch tätig werden wolle, reichte zur Ausfertigung des Dokuments. Hauptsache, das Geld kam.

Ähnlich groß war die Nachfrage bei amtlichen Schildern mit dem Aufdruck »Presse«, die man ins Auto legte, um parken zu können, wo man nicht parken durfte. Die kosteten 20 Mark.

Die Vermieterin versorgte mich mit selbstgemachtem Schokoladen-Pudding. Der schmeckte besonders gut, weil ihre Schwiegertochter für die Grünen im Bezirks-Rathaus saß.

Was mich aber am meisten faszinierte, war die Tatsache, daß es nur ein paar Schritte bis zum Büro von Jürgen W. Möllemann waren. Der war Landesvorsitzender der FDP in Nordrhein-Westfalen und saß im Land- und im Bundestag.

Ich hatte es geschafft! Mit 17 Jahren wähnte ich mich den Schaltstellen der Macht nahe.

2. KAPITEL

Es gibt nichts Schlimmeres als den Stillstand. Ich freute mich über mein eigenes Büro, aber die Freude währte nur wenige Tage. Dann begann ich mich zu langweilen.

Ich wollte politisch nach oben, ohne Zeit zu verlieren.

Dafür erschien mit die FDP als geeignetes Sprungbrett, während ich heimlich eher mit Franz Schönhuber sympathisierte. Aber ich zögerte noch, in eine Partei wie die *Republikaner* einzutreten. Schließlich hatte ich bei der FDP eine Eintrittskarte zur politischen Karriere schon gelöst. Also orientierte ich mich nach dem rechtesten Spektrum, das mit einer demokratischen Gesinnung noch vereinbar war – die Vertriebenverbände.

Über die Paneuropa-Union und das Brüsewitz-Zentrum, eine Bildungswerk, daß auf ebenso einfache wie merkwürdige Weise die deutsche Geschichte erklärte, bekam ich Kontakt zu Dr. Erich Mende. Der nationalliberale Bundestagsabgeordnete und Ritterkreuzträger, der von der FDP zur CDU wechselte, war eines meiner großen Vorbilder. Ich hatte sein 1982 erschienenes Buch »Von Wende zu Wende« gelesen.

Das offenbarte ich ihm, was ihm zu imponieren schien. Wir hatten mehrere lange Gespräche, in denen mir der ehemalige Vizekanzler und FDP-Vorsitzende viel über die verlorenen deutschen Ostgebiete erzählte. Er erzählte von Schlesien und Ostpreußen, von den großen deutschen Gütern, die es dort einst gab. Und von dem Leid, daß viele Deutsche in den früheren Ostgebieten nach dem Krieg erleiden mußten. Ich hörte von Flucht und Vertreibung, wie es nicht in den Geschichtsbüchern stand.

Aber auch Mende war neugierig auf einen 17jährigen, der sich so intensiv mit der Vergangenheit beschäftigte und eine dezidierte Meinung zu diesem Unrecht hatte. Resigniert meinte er jedoch: »Glaube mir, Junge: Mit deinen Intentionen wirst du in der FDP nicht weit kommen.«

Das dachte ich mir bereits. Mende bestätigte nur meine Vermutung. Schon bei den *Liberalen Schülern* geriet ich zunehmend ins Abseits. Was mich allerdings nicht weiter störte, sondern eher ermutigte, meine Gesinnung noch offener zu zeigen.

In die Südstaaten-Fahne auf meiner Lederjacke arbeitete ich die Reichskriegsflagge ein.

Trotzdem lud man mich als Vorsitzenden der Landesjugendpresse immer noch gern zu Seminaren ein.

Ich erinnere mich an ein Treffen der »Jungen Presse Köln«, bei dem ich Guido Westerwelle kennenlernte. Ich mochte den Bundesvorsitzenden unser Jugendorganisation schon deshalb nicht, weil er nicht ein einziges Mal in unser Büro schaute, obwohl wir in Düsseldorf fast Nachbarn waren. Wegen seines weichen, feuchten Händedrucks aber haßte ich ihn.

Westerwelles Botschaft an den liberalen Journalisten-Nachwuchs leuchtete mir ein. »Seht zu, daß ihr in die Vereine hineinkommt, die den Bürgerfunk bei den Lokalradios machen. Da sollten so viele Leute von uns wie möglich sein.« Sein Konzept der Unterwanderung gefiel nicht nur mir – auch der FDP-Landtagsabgeordnete Andreas Reichel und der heutige FDP-Fraktionsvorsitzende im Kölner Stadtrat, Ralf Sterck, gehörten zum nickenden Journalisten-Nachwuchs.

Ich gründete danach in Düsseldorf den Verein »Düsselwelle«.

Es sprach sich auch in der FDP herum, daß ich recht umtriebig war. So wurde ich zu einer Audienz beim Landesvorsitzenden gebeten. Möllemann war für mich einer von den Linken. Ich war sehr gespannt auf sein pompöses Büro – und war riesig enttäuscht. Er hauste in einer so nichtssagenden Umgebung, daß ich mich nur noch an den Teppich erinnern kann.

Möllemann war sehr interessiert, ich hatte fast den Eindruck, daß er mich ausfragte. Am Ende schien er zufrieden. »Ihre Arbeit bei den *Liberalen Schülern* und in der Jugendpresse ist sehr wichtig für die Partei. Aber wenn Sie weiter nach oben kommen wollen, müssen Sie sich mehr um die Basisarbeit kümmern.«

Offenbar hatte mich mein Ortsvereinsvorsitzender in Eller-Lierenfeld verpetzt. Tatsächlich schmeckte mit die »Basisarbeit« nicht, wenn diese sich im Verteilen von Flugblättern erschöpfte.

Hatte nicht auch Mende gesagt, daß ich in der FDP nichts werden könne? Ich erwog, mein Parteibuch zurückzugeben. Die Partei brauchte ich ohnehin nicht. Fast alles lief in diesen Monaten wie von selbst. Etwa meine Wiederwahl als Vorsitzender der Landesjugendpresse. Für die Veranstaltung stellte uns die Volksbank einen Seminarraum in der Chefetage zur Verfügung, es gab kostenlose Häppchen und anschließend ein Erinnerungsfoto auf der Sonnenterrasse mit Blick auf die Königsallee. Natürlich machte das auf meine »Zeitungskollegen« mächtig Eindruck, die sonst nur Redaktionssitzungen in Klassenzimmern kannten.

Meine Wiederwahl hatten offenbar auch die unterhaltsamen Kurzreisen bewirkt, die ich bei verschiedenen Bildungswerken organisierte. Wir wurden gut untergebracht und verpflegt – »man tut doch gern was für den Nachwuchs«, klopften sich die Zuständigen der Bildungswerke auf die Schulter und achteten nicht auf die kahlrasierten Schädel. An einem Seminar bei der Paneuropa-Union nahm auch der Kreisvorsitzende der *Republikaner* und spätere Ratsherr Wolfgang Rau teil. Irgendwann hatten die Jungs genug vom Referenten, einem Diplom-Politologen. Sie legten eine »Böhse Onkelz«-CD ein, nahmen den Mann in die Mitte und fingen an, mit ihm Pogo zu tanzen. Sie stießen ihn durch den Saal, bis er völlig verzweifelt um Hilfe rief und sich zu Wolfgang Rau zu flüchten suchte. Doch dieser mochte offenbar keine Diplom-Politologen. »Das macht doch

Spaß«, rief er und stieß den Referenten zurück in den Pulk der tobenden Skinheads, die noch eine ganze Weile Freude an dem Mann hatten.

Ich war sehr erstaunt, daß er sich bereits am nächsten Morgen von seiner ersten Pogo-Erfahrung erholt hatte und die Sache herunterspielte: »Diese Nachwuchs-Journalisten feiern wirklich sehr ausgelassen.«

Unsere tatsächlichen Feste feierten wir nach der Rückfahrt in der Altstadt. Ich trank noch immer ziemlich viel. Alkohol macht mich unverändert aggressiv, aber damals verlor ich manchmal völlig die Kontrolle. In der Ausnüchterungszelle war ich Stammgast. Das störte mich nicht, ich war süchtig nach Spaß, nach Abenteuer, nach Blut, solange es nicht mein eigenes war.

Ich besaß damals eine Gaspistole, die öfter mal zum Einsatz kam. Die Leuchtspur-Munition entzündete sehr schnell Kunstfasern und hinterließ Brandlöcher. Mit dem Löschen waren die Getroffenen in der Regel so beschäftigt, daß wir uns aus dem Staub machen konnten. Das mußten wir gelegentlich. Wenn wir beispielsweise nächtens vom »Ox« an der Mühlenstraße in Richtung »Linelight« zogen, kamen wir an der Diskothek »Revolution« vorbei. Dort verkehrten hauptsächlich Ausländer. Es reichte, wenn einer von den Skins »Scheiß-Kanaken« rief. Sekunden später war die wildeste Prügelei im Gange. Wenn wir zu unterliegen drohten, zog ich die Gaspistole und drückte ab. Dann nahmen wir die Beine in die Hand, ehe die Polizei da war. Wir hatten eine klare »Rückzugs-Strategie«. Bis zum Carlsplatz rannten wir gemeinsam, dann trennten wir uns und spritzten in verschiedene Richtungen davon.

In einer solchen Nacht trug Anja Stöckelschuhe. Eine Horde von Türken war uns so nah auf den Fersen, daß sie die Schuhe ausziehen und barfuß weiterrennen mußte. Danach bat sie mich, endlich mit dem Prügeln aufzuhören.

Dieser Versuch scheiterte wie viele andere zuvor.

Solange Leute wie der CDU-Bundestagsabgeordnete Dr. Herbert Czaja bei uns daheim anriefen und nach mir verlangten, hatten auch meine Eltern das Gefühl, daß meine Aktivitäten halbwegs mit dem Gesetz zu vereinbaren waren. Als aber die Intervalle, in denen mein Vater oder mein großer Bruder mich morgens im Polizeipräsidium abholen mußten, immer kürzer wurden, gaben sie es auf. Ihre Nachsicht war aufgezehrt.

»Ich kann nicht mehr. Bitte such dir so schnell wie möglich eine eigene Wohnung«, sagte mein Vater eines Morgens, und ich sah, daß er ziemlich verzweifelt war.

Ich mietete eine hübsche Maisonette-Wohnung an der Lacombletstraße in der Nähe des Düsseldorfer Eisstadions. Nicht schlecht für einen 17jährigen. Einziger Mangel: Gleich gegenüber befand sich das Haus der Jugend, ein städtisches Kulturzentrum, das vor allem von Linken besucht wird. Die standen oft stundenlang abends vor der Tür und, vom Bier ermutigt, pöbelten mich und meine Freunde an. Manchmal war es auch umgekehrt. Es kam regelmäßig zu handgreiflichen Auseinandersetzungen.

An einem Abend besuchte mich mein Freund Kim mit seiner Freundin. »Bommerlunder mit Fanta« war damals angesagt, und ich hatte reichlich zugelangt. Irgendwann in der Nacht wollten wir noch in die Altstadt fahren. Aber Kim und ich waren so betrunken, daß der Taxifahrer sich weigerte, uns zu fahren. Widerspruch hasse ich, vor allem, wenn ich Alkohol im Blut habe.

Es kam zu einem lauten Streit, bis ein Nachbar im dritten Stock sich vom Balkon einmischte. Den Typen hatte ich ohnehin gefressen. Ich zog meine Gaspistole und feuerte eine Leuchtrakete auf ihn ab.

Wenig später hörte ich die Sirene des Streifenwagens und rannte davon. Ich kam bis zur Brehmstraße, bis sie mich stellten.

Es war vielleicht keine so gute Idee, die Gaspistole zu ziehen und sie auf die Polizisten zu richten.

Die Nacht verbrachte ich in einer stinkenden Zelle zusammen mit einer Ansammlung von Gestalten, denen man lieber nicht im Dunkeln begegnete. Ich weiß noch, daß ich mich mit dem Rücken fest an die Wand gedrückt habe und kein Auge zumachen konnte. Am nächsten Morgen stand ich vor dem Haftrichter und spürte ein Gefühl, das ich nur nüchtern kenne: Angst. Ich wollte nicht ins Gefängnis, auf keinen Fall. Offenbar war es mein Glückstag, vielleicht hatte aber auch nur der Amtsrichter einen guten Tag. Er ließ mich nach Hause gehen, allerdings mit der deutlichen Warnung: »Wenn ich Sie hier noch einmal sehe, sind Sie weg.«

Ich hatte verstanden.

Die unfreiwillige Begegnung mit dem Haftrichter prägte mich nachhaltig. Jedenfalls eine ganze Woche lang – bis zum nächsten Zug durch die Altstadt. Aber immerhin hatte ich begriffen, daß es Grenzen gab, die man besser nicht überschritt. Die Gaspistole blieb fortan zu Hause.

Das Verfahren wegen gefährlicher Körperverletzung überstand ich leidlich: Ich wurde zu einer Haftstrafe auf Bewährung und einer Geldstrafe verurteilt.

In jener Zeit führte ich ein Doppelleben.

Ein paar Stunden nach meinen Abstürzen saß ich im Zwirn und lauschte in Bonn-Bad Godesberg den Vorträgen von Dr. Herbert Czaja und anderen Vertriebenen-Führern. Ich trat der Gemeinschaft *Junges Ostpreußen* bei und war damit am äußersten rechten Rand angelangt, den es nach offizieller Lesart für einen Demokraten gab. Die Polit-Prominenz kokettierte gern mit den Erz-Konservativen. Ich lernte dort die Ministerin für innerdeutsche Beziehungen, Dorothee Wilms, und den nachmaligen CDU-Bundestagsabgeordneten Helmut Sauer kennen. Den »Schlesier« und das »Ostpreußen-Blatt« las ich mit Begeisterung. In der Bahnhofsbuchhandlung kaufte ich mir noch die »Nationalzeitung«, die »Deutsche Wochenzeitung« und den »Deutschen

Standpunkt«, das Parteiorgan der »Freiheitlichen Arbeiter Partei«, der FAP.

Besonders gut gefielen mir die Wochenend-Seminare der Ostpreußen, an denen manchmal auch der Kaiser-Erbe Otto von Habsburg und der nachmalige CSU-Europaabgeordnete Bernd Posselt teilnahmen.

Tagsüber traute sich niemand, die Grenzen des guten politischen Geschmacks zu überschreiten. Aber abends an der Hotelbar tauten die Herrschaften auf und zeigten, daß sie die 1. Strophe des Deutschland-Liedes nicht vergessen hatten. Ich sang begeistert mit und kann mich nicht daran erinnern, daß sich jemals ein Hotelgast beschwerte. Auch nicht, wenn zu später Stunde Musik von Gerd Knebel oder Frank Rennicke gespielt wurde. Besonderer beliebt war »Das Indizierungslied«, das kaum mißzuverstehen war:

Im freisten Rechtsstaat, der uns je beschert – »danke« –
Ist alles erlaubt, fast nichts wird verwehrt,
und sind die Programme in allen Fernsehglotzen,
der Stumpfsinn der Presse rundum auch zum Kotzen,
hier kann jeder seinen Unsinn verbreiten,
niemand wird dagegen einschreiten,
ob nackte Busen, ob nackesche Po,
gewiß denken Minister, das macht die Jugend froh

Das Gewerbe, meint der Gesetzgeber, ist frei,
darum sind wir vom ältesten auch schnell dabei,
ob Horror, ob Porno, das ist doch einerlei,
der Mensch, der ist mündig, drum zeigt man alles frei,
Zensur, sagt das Gesetz, sie wird nicht geübt,
bei uns kann jeder vom Staate ungetrübt,
frei seine Meinung bilden aus allen Sachen,
damit ganz Bestimmte wieder richtig Kasse machen,

Nur etliche Bücher sind ganz ungeniert
Dem Leser entzogen, man sagt indiziert,

das heißt nicht verboten und ist doch ziemlich gleich,
von Flensburg bis Passau im ach so freien Reich,
erscheint mal irgendwo ein aufrechtes Buch,
dann trifft es sehr schnell des Zensors Fluch,
stellt 'nen Antrag, so einfach geht es hier,
dann tagt das Gremium, alles andere ist Papier

Und der Refrain nach jeder Strophe, der auch von den älteren Herrschaften gern mitgesungen wurde, ging so:

Wir leben nun mal in der wunderbaren BRD,
hier ist alles frei, doch längst nicht mehr o. k.
da gibt es zum Schutz der Jugend eine Bundesprüfstell',
die mauschelt vor sich hin und fühlt sich ziemlich hell

Rennickes Kritik hätte auch aus der Feder eines linken Protestsängers stammen können. Aber sie zielte wohl weniger auf die Behebung, sondern auf die Bloßstellung eines Zustandes. Der Subtext war verständlich. Am nächsten Tag stiegen etliche der alten Herren mit einem zufriedenen Lächeln in ihren Mercedes, sie fanden sich in ihrer Unzufriedenheit über den Zustand der Gesellschaft bestätigt und waren glücklich, mit diesem Gefühl nicht allein zu sein.

Von den Vertriebenen war der Schritt zu den *Republikanern* nicht weit. Ich wurde als Vertreter der Jugendpresse zum Parteitag nach Ludwigsburg eingeladen. Es herrschte dort im Pressebüro ein heilloses Durcheinander. Ich beschwerte mich darüber beim Generalsekretär Harald Neubauer (er sollte später für seine Partei ins Europaparlament einziehen). Darauf antwortete er nur lakonisch: »Dann mach' es doch besser.«

Ich machte es besser und sorgte – obwohl ich nicht Parteimitglied war – dafür, daß alle Medienvertreter so gut wie möglich bedient wurden. Ich organisierte Interviews und verteilte Pressemappen. Die meisten Journalisten waren ohnehin nur darauf aus, die *Reps* in die Pfanne zu hauen. Aber das konnte ich nicht ändern.

Nachdem ich meine Fühler bundesweit ausgestreckt hatte, wollte ich auch meine Verlegertätigkeit nicht mehr auf eine Schülerzeitung beschränken. Ich gründete *Appell – das deutsche Jugendmagazin* mit einer Auflage von 5.000 Exemplaren.

Darin berichtete ich nicht nur vom Parteitag der *Republikaner*, ich brachte auch Gastkommentare von Dr. Fritz Hippler, einst Reichsfilm-Intendant und 1940 Regisseur von »Der Ewige Jude«, sowie vom Vertriebenenpolitiker Prof. Emil Schlee. Damals gehörte er noch der CDU an, später zog er für die *Reps* ins Europaparlament.

Mein FDP-Parteibuch hatte ich bereits mit anderen Jungen Liberalen zurückgegeben. Ich fände es unerträglich, erklärte ich, daß Honecker zu einem offiziellen Staatsbesuch nach Bonn kommen dürfe.

Am Rande eines Treffen der Vertriebenen lernte ich den rechtskonservativen Verleger Kurt Winter kennen. Mein Vater litt unter schwerem Rheuma, und ich war auf der Suche nach einem Naturheilmittel. Winter verlegte die »Waerland-Hefte«, einen anerkannten Gesundheitsdienst, in dem neue Heilmethoden vorgestellt wurden.

Wir mochten uns sofort. Winter bot mir ein Volontariat bei den »Waerland-Heften« an. Da meine eigene Zeitung nicht so gut lief, sagte ich sofort zu. Ich hatte Spaß an der Arbeit, obwohl ich von Gesundheitsthemen keinen Schimmer hatte.

Mein Lieblingsbuch wurde »So heilt man naturgemäß jede Darmträgheit und Blähsucht«.

Während ich an meiner journalistischen Karriere bastelte, erreichte mich der Musterungsbescheid vom Kreiswehrersatzamt. Als aktiver Handballspieler – bis zur A-Jugend war ich beim SC Unterbach sogar Mannschaftsführer – stand meine Tauglichkeit nie in Zweifel. Ich kam zu den Panzer-Grenadieren in Göttingen.

An die unchristlichen Weckzeiten hätte ich mich vielleicht noch gewöhnen können. Nicht aber an Kommandos. Als Befehlsempfänger war ich untauglich. Ich wollte darum so schnell wie möglich weg.

Ich bat um einen Termin beim Arzt. Ich spielte den Entwurzelten.

»Ich halte das nicht aus ohne meine Mutter. Ich kann nachts nicht schlafen, essen sowieso nicht. Ich bin völlig verzweifelt, überall sind nur Männer, und meine Mama ist nicht in der Nähe«.

Der Doktor schwankte zwischen Mitleid oder Rauswurf.

Er hielt es zumindest für möglich, daß ich ohne meine Mama unter ernsthaften Störungen meines psychischen Gleichgewichtes litt.

Er verschrieb mir Stubendienst, während die anderen sich durchs Gelände kämpften. Auch beim Psychologen gelang mein Auftritt überzeugend.

Es wurde »heimatnaher« Dienst verschrieben. Zunächst aber schickte man mich nach Hause. Einen Monat lang wartete ich auf meine Einberufung. Doch offenbar fand sich keine geeignete Aufgabe für mich. Ich wurde ehrenhaft aus der Bundeswehr entlassen und bekam zum Abschied einen schönen Wimpel geschenkt, den ich noch heute besitze.

Ein paar Jahre später saß ich für die *Freie Wählergemeinschaft* im Musterungsausschuß. Drückeberger erkannte ich auf Anhieb.

Sie hatten bei mir keine Chance.

Nachdem das Kapitel Bundeswehr erledigt war, konnte ich die Fortsetzung meiner beruflichen Karriere angehen.

Dabei half mir Kurt Winter, der mit meinen Leistungen bei den »Waerland-Heften« offenbar sehr zufrieden war. Er bot mir an, Chefredakteur des Düsseldorfer Stadtmagazins »Pinboard« zu werden, das sein Verlag gerade gekauft hatte. Es sollte eine Alternative zu den anderen Stadtzeitungen mit ihrem links angehauchten Hochglanz-Kommerz werden. Bei uns sollten nicht nur Grüne und Antifa zu Wort kommen.

Über Winters Angebot brauchte ich nicht nachzudenken,

Mit 19 Jahren war ich nun Chef von drei Angestellten, zwei Praktikanten und einem Heer von 35 freien Mitarbeitern.

Außerdem gehörten zu dem 160 Quadratmeter großen Büro der Kater »Tiger« und ein Aquarium.

Die Redaktion war der ideale Partyraum. Gesoffen wurde fast jeden Tag. Unsere Lieblings-CD war damals »Dreckig, kahl und hundsgemein« von *Störkraft.* Da flippten alle immer völlig aus.

Manchmal war ich so voll, daß ich nicht mehr laufen konnte.

Einmal habe ich im Suff die Gardine abgerissen und bin dann in dem Chaos eingeschlafen.

Morgens um neun kam die Redaktions-Sekretärin und päppelte mich mehr als einmal wieder hoch. So merkten die anderen nicht, wie fertig ich war.

Überhaupt machte mir Claudia viel Freude, denn wir hatten ein wunderbares Verhältnis. Manchmal machte sie ihre Überstunden liegend auf dem Schreibtisch. Ich war von ihren Fähigkeiten so beeindruckt, daß Claudia mich später auch als Sekretärin ins Rathaus begleiten sollte.

Manchmal gab es Ärger mit der Polizei, wenn Nachbarn sich wegen der Lautstärke beschwerten. »Das ist eine Zeitungs-Redaktion. Da geht es nun mal so laut zu«, lautete mein Lieblingssatz.

Mit der Zeit gewöhnten sich die Nachbarn an uns.

Und ich gewöhnte mich daran, Macht zu haben und diese auszuüben.

Chefredakteur zu sein reichte mir bald nicht. Ich wollte mehr.

3. KAPITEL

Ende der 80er Jahre herrschte im rechten Lager Aufbruchsstimmung.

In fast allen Städten traten die *Republikaner* an – wenn sie genug geeignete Kandidaten fanden, was nicht einfach war. Nicht selten sammelten sich auf den Wahllisten der *Reps* gescheiterte Existenzen, Außenseiter und Politiker aus anderen Parteien, die sich dort verkannt fühlten und nun im Sauseschritt die politische Karriereleiter hinaufstolpern wollten.

Die Düsseldorfer *Rep*-Fraktion, die 1989 mit 6,2 Prozent ins Rathaus gewählt wurde, machte da keine Ausnahme. Bekanntester Name war Konditormeister Herbert Zaunbrecher, ein ehemaliges CDU-Mitglied. Jahrelang hatte der mittelständische Unternehmer dafür gekämpft, die Genehmigungen für Spielhallen in seinen Liegenschaften zu bekommen. Vergeblich. Als er aus Ärger darüber zu den *Republikanern* wechselte, bewegte man sich plötzlich. Der Präsident der Industrie- und Handelskammer, Wolfgang Schulhoff, versuchte Zaunbrecher umzustimmen. Die Genehmigung für die Spielhallen sollten plötzlich kein Problem mehr sein.

Zaunbrecher blieb hart: »Dazu haben Sie 20 Jahre Zeit gehabt. Jetzt habe ich vielen Leuten mein Wort gegeben. Und das halte ich.«

Mir gefiel das, zumal Zaunbrecher mir zugesichert hatte, daß ich nach der Kommunalwahl Fraktionsgeschäftsführer bei den *Republikanern* werden sollte – ein recht lukrativer Job, den ich gut gebrauchen konnte. Denn aufgrund meiner eifrigen politischen Arbeit im rechten Lager hatten sich immer mehr Anzeigenkunden von meiner Stadtillustrierten

»Pinboard« verabschiedet. Es war abzusehen, daß mein Posten als Chefredakteur auf äußerst wackeligen Beinen stand. Darum hatte ich längst damit begonnen, mich vorsichtshalber nach etwas anderem umzusehen.

Doch Zaunbrechers Offerte erledigte sich. Die fünf rechten Ratsherrn hatte wenig Lust, auch nur eine Mark abzugeben.

Der ehemalige Speditionskaufmann Horst Schroer (vormals SPD, dann NPD, jetzt Republikaner) wollte unbedingt Fraktionsvorsitzender werden. Und der mehrfach vorbestrafte Hartmut Jansen hoffte auf andere lukrative Posten wie auch die anderen drei Ratsherren. Das waren Wolfgang Rau, ehemaliger stellvertretender Bundesvorsitzender der Jungen Nationaldemokraten (JN) und jetzt Kreisvorsitzender der *Republikaner*. Ich kannte ihn von verschiedenen Seminaren.

Schließlich Theo Roman, Architekt und ehemaliges CDU-Mitglied, der als Vorsitzender des Vereins »Automobile Gesellschaft« ohnehin sein ganz persönliches politisches Ziel hatte, nämlich freie Fahrt für freie Bürger: Der Rest war ihm ziemlich egal.

Einer der schlimmsten war Hartmut Jansen. Er sorgte Jahre später für Nachrichten, als er eine DSU-West gründete. Damit kopierte er die Idee der CSU, die nach dem Fall der Mauer in der DDR eine DSU initiierte. Für diese Partei kandidierte der Rechtsanwalt Peter-Michael Diestel, der in der letzten DDR-Regierung Innenminister und Stellvertretender Ministerpräsident werden sollte. DSU-Diestel lud DSU-Jansen zur konstituierenden Sitzung der am 18. März 1990 gewählten Volkskammer ein ...

Berlin besaß für die Rechten eine magische Anziehungskraft.

Ich erinnere mich an unseren Ausflug im Jahr 1988 zum »Ball der Republikaner«, an dem ich zusammen mit meiner Freundin Anja und Panajotis Joannidis, dem griechischen Chefredakteur meiner Zeitung *Appell*, teilnahm.

Ich hatte an meinem Wagen einen Magnetaufkleber mit »Einigkeit und Recht und Freiheit«, den ich eigentlich an der DDR-Grenze abmontieren wollte. Aber ich vergaß das, und es gab natürlich Riesenärger. Nach stundenlangen Diskussionen wurde das Schild beschlagnahmt, und wir durften auf der Transitstrecke weiterfahren.

In Berlin lieferten wir uns ein Katz-und-Maus-Spiel mit den Autonomen. Sie versuchten, Teilnehmer des Balls abzufangen und am Besuch der Veranstaltung zu hindern.

Auf Umwegen erreichten wir die Messehalle doch. Dort begrüßten mich der frühere SPD-Landtagsabgeordnete Prof. Dr. Klaus Weinschenk in seiner Funktion als Gastgeber der *Republikaner* und der ehemalige Vorsitzende der Jungen Union Tiergarten, Karsten Pagel. Später zog er für die *Republikaner* ins Berliner Abgeordnetenhaus. Heute arbeitet er als Rechtsanwalt.

Auf dem Ball selbst passierte nichts Besonderes.

Es wurden ein paar Reden gehalten, dann wurde getanzt.

Aber als ich in einem stillen Moment in die Runde blickte, wurde mir klar, daß mit dieser Truppe kein Staat zu machen war, jedenfalls keiner, wie ich ihn mir vorstellte. Der Altersdurchschnitt lag, wenn man die zahlreichen jüngeren Begleiterinnen, die als Staffage dienten, ignorierte, bei über 60. Es handelte sich fast ausschließlich um gescheiterte politische Existenzen, die in anderen Parteien nicht die Position erobern konnten, für die sie sich geboren fühlten.

Später sollte sich herausstellen, daß es für etliche *Republikaner* gute Gründe gab, warum sie die politische Karriereleiter anderenorts nicht erklimmen konnten. Viele der *Republikaner*, die später in Stadträte gewählt wurden, hatten dunkle Flecken auf ihrer politischen Weste. Manche waren in – inzwischen verbotenen – rechtsradikalen Organisationen aktiv gewesen, andere hatten eine ganze Palette von Vorstrafen angesammelt, das reichte von Betrug über Körperverletzung bis zum schweren Verkehrsunfall unter Alkoholeinfluß.

Ich sah in die alten Gesichter und beobachtete die champagnergläserschwenkende Gesellschaft.

Das war kein Aufbruch in ein neues Deutschland. Das war ein Tummelplatz für ewig Gestrige. Verstaubte Ideen, alte Zöpfe, von Visionen keine Spur. Bequeme Opportunisten, die in die Jahre gekommen waren und ihre Ärsche schon auf vielen Sesseln in Fraktionsräumen aller möglicher Parteien und Ratssälen plattgesessen hatten.

Natürlich brauchte man Leute, die in einem Parlament das Mikrofon in die Hand nehmen konnten, ohne sich zu blamieren.

Aber das war ein saft- und kraftloser Haufen, der nur als Dekoration taugte.

Die Kraft war woanders.

Das waren für mich die jungen Leute, die auf die Straße gingen und sich endlich wehrten. Die man mit Parolen mobilisieren konnte.

Und nicht nur sie gewann man etwa mit Forderungen, man müsse dagegen protestieren, daß sich ganze Stadtviertel in Klein-Istanbul verwandelten oder Wirtschafts-Asylanten Zucker in den Arsch geblasen bekämen, während für deutsche Familien in Not kein Geld übrig bliebe.

Auch ganz normale Bürger waren, da dies mit ihren Beobachtungen übereinstimmte, dafür empfänglich und empfanden Sympathie für die jungen Leute. Die trauten sich Dinge auszusprechen, die man dachte, aber nicht zu äußern wagte. Etwa das Unverständnis darüber, daß einem vorgeschrieben wurde, wie das Deutschland-Lied zu singen sei. Die Kastration der Nationalhymne war plötzlich wieder ein Diskussionsthema.

Viele wollten ungestraft »Deutschland, Deutschland über alles« singen dürfen. Ich auch. Und dafür wollte ich kämpfen.

Oder besser: kämpfen lassen.

Denn ich hatte genug damit zu tun, Fäden zu knüpfen, die später zum Netz werden sollten. Ich wollte die jungen

Rechten von der Straße und die Alten aus dem Ballsaal vereinen – als »Kraft für Deutschland«, die das Joch, unter dem wir nach dem Zweiten Weltkrieg leben mußten, endlich abschüttelte.

Das Hauptproblem in der Neonazi-Szene sah ich darin, daß viele junge Leute nur schwer erreichbar waren. Die wenigsten lasen Zeitung, der Fernsehkonsum beschränkte sich auf Unterhaltungssendungen – auf Nachrichten oder gar Magazin-Sendungen hatte kaum jemand Bock.

Fast alle begannen sich aber für das expandierende Internet zu interessieren. Und für Musik.

Ich erinnerte mich der alten Propaganda-Filme des Dritten Reiches und ihrer emotionalen Wirkung, die nicht zuletzt von der unterlegten Musik ausging. Die war schmissig, kämpferisch, mobilisierend. Gleichwohl: Mit »Die braune Fahne flattert uns voran« ließen sich Glatzen heute nicht begeistern. Die Musik und die Texte mußten im aktuellen Gewand daherkommen, aus dem Hier und Jetzt kommen, sie mußte etwas mit dem eigenen Leben zu tun haben.

So entstand die Idee, einen Musikverlag zu gründen. Dieser könnte mit seinen Vertriebs- und Produktionsstrukturen auch zu einem politischen Netzwerk werden.

Ich ahnte nicht einmal, welch ein Markt sich öffnen würde. Die kühnsten Träume wurden übertroffen.

1989 fiel überraschend die Mauer.

Mein Freund Jörg und ich organisierten spontan eine Party, auf der reichlich Alkohol floß. Wir waren völlig euphorisch, als wir im Fernsehen die Menschen sahen, die auf der Mauer tanzten. Helmut Kohl und Walter Momper erschienen auf dem Bildschirm und sangen mit Tausenden vorm Schöneberger Rathaus das Deutschlandlied. Die DDR war am Ende und erledigt – Deutschland aber war endlich wieder eines und groß. Aber das konnte nicht alles gewesen sein.

Inspiriert durch die Musik von »Störkraft« und »Kahlkopf« verfaßten wir ein Flugblatt: »Die deutsche Einheit ist noch nicht vollendet – denkt an Pommern, Schlesien und Ostpreußen«. Das unterzeichneten wir als »Ökologisch-Konservatives Forum« und druckten ein paar Hundert Exemplare. Als wir die Flugblätter in der Altstadt verteilten, gab es eine wilde Prügelei. Ich erinnere mich noch daran, daß eine Frau aus dem dritten Stock einen Eimer Wasser auf uns schüttete, weil sie den Lärm nicht mehr aushielt. Die Ladung bekam jedoch eine Punkerin ab, die mit dem Streit nichts zu tun hatte. Aber ihr Gesicht, in dem die dick aufgetragene Schminke sich auflöste, werde ich nicht vergessen.

Bis auf das Mädchen hatten alle ihren Spaß.

Ich hatte damals sehr damit zu kämpfen, daß mir der Weg ins Rathaus versperrt blieb. Doch ich mußte nicht lange auf meine nächste Chance warten.

Bereits bei der konstituierenden Sitzung der *Rep*-Ratsfraktion krachte es. Erst verließ Schroer die Fraktion. Später folgten Janssen und Zaunbrecher. Sie gründeten die *Rechtskonservative Wählergruppe*, später *Die Konservativen.* Bald gab es auch dort Streit mit Herbert Zaunbrecher, der dieser Fraktion den Rücken kehrte. Als Horst Schroer plötzlich starb, übrigens eines natürlichen Todes, witterte ich meine Chance. Als Nachrückerin stand Petra Lauer auf der Liste. Sie hatte als jüngste Friseurmeisterin Nordrhein-Westfalens von sich reden gemacht und wollte eigentlich gar nicht in die Politik. Weil sie aber mit einem jungen *Republikaner* befreundet war, hatte sie sich überreden und auf die Wahlliste setzen lassen. Sie reagierte entsprechend lustlos, als sich das Wahlamt bei ihr meldete und fragte, ob sie den freigewordenen Platz im Rathaus besetzen wolle.

Ich kam gerade in den Friseursalon von Petra Lauer, als ihr der Mann vom Wahlamt das Formular zur Unterschrift vorlegte, mit dem sie den Verzicht auf das Mandat erklärte.

»Tun Sie das nicht«, rief ich und wandte mich an den Herrn von der Stadt. »Frau Lauer überlegt sich das noch. Es tut mir leid, daß Sie umsonst den Weg gemacht haben.«

Es fiel mir nicht schwer, die Friseurmeisterin umzustimmen. Ich schlug ihr vor, nicht zu den *Republikanern* – die sie offenkundig nicht mehr mochte – zu gehen, sondern mit dem ausgeschiedenen Herbert Zaunbrecher die Fraktion »Freie Wählergemeinschaft« zu bilden. Denn das war mein Plan (von dem ich ihr zunächst natürlich nichts sagte): Um im Rathaus eine Fraktion zu bilden, benötigte man zwei Sitze. Die beiden wären also eine Fraktion – und sie würden mich als hauptamtlichen Fraktionsführer einstellen.

Es war für mich ein wahrer Triumph, als ich endlich ins Rathaus einzog. Meine Sekretärin Claudia, die mir schon bei »Pinboard« so gute Dienste erwiesen hatte, wurde Fraktionssekretärin. Eine meiner ersten Amtshandlungen bestand darin auszuprobieren, ob sich der Schreibtisch im Rathaus für unsere gemeinsamen Entspannungsübungen ebenso gut eignete wie der in der Redaktion.

Am Ergebnis war nichts auszusetzen.

Nun konnte ich endlich schalten und walten.

Zuerst mußten die Ausschüsse kompetent besetzt werden. Eben mit Leuten, die taten, was ich von ihnen verlangte, und die das Sitzungsgeld gut gebrauchen konnten.

Im Sportausschuß zum Beispiel brachten wir Oliver unter, einen aktiven Bundesliga-Footballspieler, den ich bei meinem kurzen Gastspiel als Manager bei den »Bulldozern« kennengelernt hatte. Simon Vukovic, mein Freund aus Schülerzeitungstagen, zog in den Jugendhilfeausschuß ein. Kurt Winter, der mir damals das Volontariat bei den »Waerland-Heften« besorgt hatte, wurde mit einem Sitz im Sozial- und Gesundheitsausschuß belohnt. Viele gute Bekannte und Freunde von mir bekamen lohnende Pöstchen. Denn auch ehrenamtliche Volksvertreter wurden aus dem Stadtsäckel honoriert.

Für die Teilnahme an einer Fraktionssitzung gab es – je nach Einkommen – 15 bis 30 Mark, hinzu kamen 53,45 Mark Fahrtkosten.

Bald fand ich in der Gemeindeordnung heraus, daß dort nirgendwo stand, wie oft Fraktionssitzungen durchgeführt werden dürfen.

Also setzte ich, wenn die Kasse knapp war, fast täglich Fraktionssitzungen an. So kamen in einem Jahr über 100.000 Mark Sitzungsgelder zusammen – mehr als bei jeder anderen und zudem größeren Fraktion.

Ausbaden mußte das Herbert Zaunbrecher, der als Fraktionsvorsitzender Stammgast auf dem Sünderbänkchen im Ältestenrat war. Der Stadtrat reagierte schließlich und beschloß, die Zahl der Fraktionssitzungen auf maximal 15 im Monat zu begrenzen.

Die 15 fanden in unserer Fraktion auch statt. Monat für Monat.

Es sollte nicht die letzte Lücke sein, die mir in der Gemeindeordnung auffiel.

Unser politisches Programm beschränkte sich auf ein Flugblatt mit elf Punkten. Wir forderten unter anderem »Schluß mit dem Filz auf allen Gebieten« oder »Sicherheit für die Düsseldorfer Bürger«. Das war kurz, prägnant, aber ohne Substanz. Also mußte die *Freie Wählergemeinschaft* andere Wege finden, um auf sich aufmerksam zu machen.

Als Fraktion setzten wir ein Kopfgeld von 5.000 Mark zur Ergreifung einer flüchtigen Asylbewerberin aus. Sie hatte sich der Ausweisung entzogen. Damit kamen wir bundesweit in die Presse. Es gab einen Aufschrei des Entsetzens.

Die Aktion war so erfolgreich, daß sie später von verschiedenen anderen Gruppen kopiert wurde.

Unterstützt wurden unsere Kampagnen von der fraktionseigenen Zeitung »Düsseldraht«, die wir großzügig verschickten – auch an alle Entscheidungsträger. Darin druckten wir ein Flugblatt ab, in dem es hieß: »In ihrer unmittelbaren Nachbarschaft wird ein Asylantenheim gebaut. Die Kapazität wird möglicherweise nicht ausreichen. Bitte halten Sie doch schon mal ein Zimmer frei, falls weitere Räumlichkeiten benötigt werden.«

Das Satire-Flugblatt steckte ein paar Tage später in Tausenden Düsseldorfer Briefkästen, unterzeichnet von Oberbürgermeister und Oberstadtdirektor. Und deren Telefonnummern und weitere wichtige standen mit dabei. So wußten die Leute gleich, wo sie sich beschweren konnten.

Natürlich wurde Strafanzeige erstattet, aber niemand konnte uns nachweisen, daß wir für die Flugblattaktion verantwortlich waren. Allerdings bekam die Staatsanwaltschaft einen Tip, daß die Druckplatten für die Flugblätter sich in den Fraktionsräumen der FWG im Rathaus befinden könnten. Unser ganzes Büro wurde von Staatsanwalt und einer ganzen Horde Beamter durchsucht.

Ich schaute mir das Schauspiel mit großer Gelassenheit an.

Denn ich wußte, daß dort nichts gefunden werden würde. Ebenso wußte ich auch, wer den Staatsanwalt auf diese Fährte gesetzt hatte.

Immerhin war mir auch bekannt, daß eine Hausdurchsuchung im Rathaus für Schlagzeilen sorgte. Die ersten Journalisten trafen fast zeitgleich mit dem Staatsanwalt ein.

Ich hatte meinen Job mal wieder gut gemacht.

»Politisches Futter« lieferte uns auch das Roma-Lager, von uns nur »Zigeuner-Lager« genannt. Das hatten Asylbewerber aus Ex-Jugoslawien innerhalb der Bannmeile des nordrhein-westfälischen Landtages errichtet. Sie protestierten gegen die drohende Abschiebung.

Mit unserer Forderung »Ein Roma-Lager ist genug« wurden wir zum Sprachrohr vieler Bürger, die mit uns sonst nichts zu tun hatten oder zu tun haben wollten. Aber der Unmut über das wilde Camp am Rheinufer zog sich quer durch alle politischen Parteien.

Es gab sogar SPD-Ratsherrn, die uns heimlich Beifall zollten, weil sie in der eigenen Partei ihre Meinung nicht offen sagen durften.

Bald fand ich heraus, daß man den etablierten Parteien mit dem »Zigeunerlager« auf die Nerven gehen konnte. Das spornte mich zu neuen Taten an. Bislang war es ein absolutes Tabu, den Rat in den Sommerferien zu einer Sitzung zusammenzutrommeln. Wer unterbricht schon gern seinen Urlaub?

Ich stellte den Antrag auf eine Sondersitzung zum Thema »Auflösung des Roma-Lagers«.

Oberbürgermeister, Oberstadtdirektor und alle anderen Fraktionen lehnten sie ab. Aber ich hatte wieder eine Lücke in der Gemeindeordnung entdeckt.

Demnach konnte ich eine solche Einladung über den Regierungspräsidenten Dr. Fritz Behrens (heute Innenminister in NRW) erzwingen. Das tat ich. Die Sitzung fand statt, war aber schon nach 15 Minuten beendet, weil der Rat beschlußunfähig war.

Ein paar Wochen später wurde mein Thema förmlich weggeschwemmt. Das Rhein-Hochwasser riß die Zeltstadt mit sich.

Die Wut meiner Ratskollegen hatte mir aber so gut gefallen, daß ich im nächsten Jahr wieder zu einer Sitzung in den Sommerferien einladen ließ. Thema diesmal: die Anschaffung einer Sehhilfe für den Oberbürgermeister. Denn der übersah bei Ratssitzungen konsequent die Wortmeldungen aus dem rechten Lager. Auch diese Ratssitzung endete so schnell, daß sich mancher Abgeordneter sich nicht einmal hinsetzen mußte. Aber ihren Zweck hatte die Aktion erfüllt.

Das Echo in den Medien war enorm.

Ideal war auch unsere Besetzung für den Ausländerbeirat.

Da saß nämlich ich.

Wenn es darum ging, den Etat für die Arbeit des Gremiums zu erhöhen, war ich natürlich dagegen. Auch beim Thema Kommunales Wahlrecht für Ausländer aus der Europäischen Union war ich vehement dagegen. Der türkische Vorsitzende des Ausländerbeirates hatte irgendwann die Nase voll und setzte mich vor die Türe.

Ähnlich abrupt endete meine Karriere in der Musterungskommission. Eigentlich sollte ich zwei Wochen lang dafür sorgen, daß aufrechte junge Deutsche den Weg zur Bundeswehr fanden.

»Von den Verweigerern sind 80 Prozent Sozis und Müsli-Kommunisten. Die wollen sich drücken, aus Faulheit und Bequemlichkeit, weil sie woanders mehr Geld verdienen. Diese Drückeberger sollte man zum Rasenmähen und Kaserneputzen heranziehen«, machte ich den anderen beiden Mitgliedern der Kommission in kurzen Worten klar, was ich mir vorstellte. Das blieb nicht lange ein Geheimnis.

Schon nach einer Woche widmete mir die BILD eine Dreiviertelseite: »Unfaßbar: Rathaus läßt Lemmer Rekruten mustern«.

Noch am gleichen Tag wurde ich nach Hause geschickt.

Immerhin gab es dafür noch eine Belohnung von 900 Mark.

Es gelang uns, bundesweit für Aufsehen zu sorgen, weil wir im Düsseldorfer Rathaus über Monate verhinderten, daß ein neuer Oberstadtdirektor gewählt werden konnte. Zwei aus unserem Lager stimmten für den SPD-Kandidaten, zwei andere für den Mann, der von der CDU vorgeschlagen wurde. Da die etablierten Parteien sich nicht auf eine gemeinsame Linie einigen konnten, kam es mehrfach zu peinlichen Kampfabstimmungen, die jeweils mit einem Patt und einem Eklat endeten. Schließlich meldete sich Landesvater Johannes Rau (SPD) und ermahnte alle Demokraten, das traurige Spiel endlich zu beenden. Nachdem mehrere Kandidaten durch unsere Intrigen und die Unfähigkeit der anderen Parteien zum Konsens verschlissen waren, einigte man sich schließlich auf Dr. Peter Hölz, einen sympathischen, aber farblosen Mann.

Unsere Aktion warf jedoch die Frage auf: Wenn man mit einigen legalen abgesprochenen Finten bereits das Rathaus einer Landeshauptstadt erfolgreich ins Trudeln bringen konnte – was war dann noch alles möglich, wenn man organisiert auch auf anderen Ebenen agierte?

Schon bald war ich die am meisten gehaßte Person im Rathaus.

An diesem Image hatte ich eifrig gearbeitet.

In einer Sitzung des Beschwerdeausschusses beschimpfte mich der SPD-Ratsherr Kurt Hahn als »Vorstufe eines Fußball-Hooligans«.

Das machte mich wirklich böse, und ich schleuderte zurück: »Der Volkszorn wird dich und deine ganze dreckige Familie auch noch treffen.« Ich wundere mich bis heute, warum der Mann mich dafür nicht angezeigt hat.

Ich weiß nicht, wie groß mein Anteil daran war, daß die Luft fast täglich etwas dünner wurde. Ich will es heute auch gar nicht mehr wissen. Der rechte Flächenbrand breitete sich schier unaufhaltsam aus.. Asylantenunterkünfte brannten, Ausländer wurden von Betrunkenen durch die Straßen getrieben, für jüdische Synagogen in ganz Deutschland galt plötzlich wieder die höchste Sicherheitsstufe.

Die Ereignisse in Hoyerswerda, Rostock, Saarlouis und Solingen veränderten das politische Klima rasant.

Der rechte Pöbel kam aus seinen Löchern, angestachelt von heuchlerischen Demagogen, die mit dem Rest des Absatzes noch gerade auf dem standen, was man den Boden der Demokratischen Grundordnung nennt. Solange eine Kamera in der Nähe war jedenfalls. Ihre häßlichen Fratzen setzten sie auf, wenn genug Promille im Blut waren.

Ich bin heute mehr denn je davon überzeugt, daß vielen dieser Biedermänner vom Kaliber eines Franz Schönhuber die Eskalation gerade recht kam. Sie haben den Nährboden gelegt, der viele schreckliche Verbrechen erst möglich machte.

Dabei waren die Grenzen zwischen den Herrschaften in den dunklen Anzügen und den brandschatzenden Mörderbanden fließend. So war der stellvertretende belgische Parlamentspräsident Philipp de Winter, Führer des rechtsradikalen »Flams-Block«, von der Deutschen Liga für Volk und Heimat zu einem Empfang nach Köln eingeladen. Denn auch die deutschen Rechten waren an dem Aufbau eines europäischen Netzwerks interessiert.

Mir fiel auf, daß der Sicherheitsdienst bei diesem Treffen aus Solingen kam. Ich sprach die Jungs an, ihr Chef hieß Bernd Schmidt und war Leiter der dortigen »Hak Pao«-Kampfschule. Der Mann saß ein paar Wochen später in meinem Büro im Rathaus und bot mir seine Dienste an. Schmidt erzählte von seiner Kampfschule und davon, daß es jede Woche zwei Tage »kanakenfreies« Training gebe.

»Ratte«, schoß es mir durch den Kopf. Ich hatte keine Lust, mit dem Kampfschullehrer irgend etwas gemeinsam zu machen. Mein Instinkt trog nicht. Er war ein Spitzel des Verfassungsschutzes. Das wurde im Prozeß gegen die drei Skinheads bekannt, die im Mai 1993 das Haus einer türkischen Familie angezündet hatten. Von den 19 im Haus befindlichen Personen starben fünf.

Nachdem Schmidt kurze Zeit untergetaucht war, wurde er in Solingen wieder aktiv. Mittlerweile gibt er wieder »Sportunterricht«.

Das Geschehen im Rathaus hatte etwas von Schmieren-Theater an sich. Häufig lief das Stück »Seriösität«. Oberbürgermeister Josef Kürten (CDU) brillierte darin. Er war z. B. mit dem Bauunternehmer Josef Pollok befreundet, der den Umweltschutzpreis erhielt. Später wurde Pollok verurteilt, weil er Beamte bestochen hatte, um Müll in Lärmschutzwällen zu entsorgen. Das war bekanntlich nicht erlaubt.

Das Rathaus stand jedem offen. Selbst Skinheads, die keinen Satz zu Ende bekamen, kannten bald das Zauberwort »Fraktionsempfang«. Mit diesem Sesam-öffne-dich ließ sie der Rathauspförtner auch zu ungewöhnlichen Zeiten passieren. Mein zwei mal drei Meter großer Schreibtisch wurde dann zur Tanzfläche umfunktioniert, auf dem sich zu später Stunde auch schon mal ein Partygirl kunstvoll entblätterte.

Die Skins, Hooligans und Jung-Rechten, gut versorgt mit Alkohol und Brötchen, die ich aus der Portokasse finanzierte, johlten vor Begeisterung, wenn der »Hakenkreuz«-Song der Nürnberger Band *Radikal* in den CD-Player geschoben wurde.

Bei unseren Fraktionsempfängen kam niemals Langeweile auf.

An den Sauforgien nahm auch Stefan Rasche gern teil. Er war Security-Chef von *Störkraft*. Die Band profitierte von der explosiven Stimmung, ihr fehlten aber die Vertriebswege. Offenbar war Rasche von meinen Kontakten beeindruckt und empfahl mich. Eines Tages saß er mit dem *Störkraft*-Sänger Jörg Petritsch an meinem Schreibtisch. Dieser erklärte: »Wir können so einen wie dich gut gebrauchen.«

Per Handschlag übernahm ich das Management der Band.

Die Stimmung im Land war für uns. Nach dem Sieg bei der Fußball-Weltmeisterschaft 1990 sah man die schwarzrot-goldene Fahne immer öfter wehen. Mit der deutschen Wiedervereinigung waren plötzlich viele Hemmschwellen gefallen. Der Reiz, echte Nazis auch im Fernsehen zu zeigen, nahm zu. Es war kein Problem, bei RTL in eine dieser Krawall-Shows zu kommen. Auf der einen Seite saß ich mit dem Jörg Petrisch, uns gegenüber der Heinrich Lummer (CDU, in Berlin einst Innensentor) und der Schriftsteller Gerhard Zwerenz, den die DDR in den Westen vertrieben hatte. Zwerenz packte die dicke Kelle aus. »Ihnen guckt das braune Hemd doch aus dem Anzug. Wer so mit der deutschen Sprache umgeht, der gehört eingesperrt, das ist doch Scheißdreck, was ihr da dichtet.«

Heinrich Lummer nahm mich in Schutz: »Beschimpfen Sie doch den jungen Mann nicht so.«

Nach der Sendung unterhielt ich mich mit Gerhard Zwerenz. Ich hatte nicht den Eindruck, daß er mich haßte. Er wolle mich mal im Rathaus besuchen, sagte er. Das nahm ich nicht ernst. Tatsächlich saß der Schriftsteller ein paar Wochen später in meinem Büro. Wir hatten ein sehr offenes Gespräch. Die entwaffnende Toleranz des Mannes überraschte mich. Er erinnerte mich an meine Kinderzeit mit den roten Luftballons. Ich habe niemandem von diesem Besuch erzählt und hatte auch keine Lust, ihn politisch auszuschlachten. Ich hatte vor Gerhard Zwerenz zu großen Respekt.

Die Sendung bei RTL hatte eine gute Einschaltquote. Ulrich Meyer lud uns zu seiner Sendung »Einspruch« nach Berlin zu Sat.1.

Das hatten die Linken rechtzeitig erfahren. Sie standen vor dem Studio und protestierten. Vielleicht war die Kulisse gewünscht. Dramatische Kulissen kamen immer gut.

Es gab einen Buttersäureanschlag und Bombendrohungen.

Ich grinste, als ich die schreienden und keifenden Menschen sah.

Das machte sie richtig wütend. Man hatte uns gesagt, daß die Sendung live gesendet werde.

Aber weil die Zahl der Randalierer draußen immer mehr wuchs, kam Ulrich Meyer zu uns und sagte: »Wir drehen sofort. Wir müssen eine Aufzeichnung machen.« Dazu hatte die Band keine Lust. Die Jungs fürchteten, daß man ihnen nachträglich das Wort im Munde umdrehen würde. Noch größer als die Furcht aber war die Gier nach Geld. Nach kurzer Beratung bot ich Ulrich Meyer einen Kompromiß an: »Wir sind mit der Aufzeichnung einverstanden – für 10.000 Mark.«

Er wollte die Sendung unbedingt machen und nickte:

»Okay. Aber dann will ich auch was sehen.« Er bekam etwas zu sehen und eine gute Quote dazu.

Rio Reiser, WDR-Rockpalastmacher Peter Rüchel und Joy Flemming standen uns als Kontrahenten gegenüber. »Ihr reitet auf einem Löwen und ihr wißt nicht, was ihr damit anrichtet«, sagte Rio Reiser in der Show. Nach der Sendung haben wir noch zusammengesessen, und von dem linken Kultsänger gab es fast so etwas wie Lob: »Eure Musik ist sehr emotional und berührt die Leute.«

Am Rande der Sendung gab es ein Keilerei. Obwohl es verboten war, hatte sich jemand auf das Gelände geschlichen und fotografiert. Stefan Rasche macht seinen Job und nahm dem Fotografen den Film ab, den der allerdings nicht ohne Gegenwehr hergeben wollte. Zwar durfte der Securi-ty-Chef noch während der Sendung im Studio bleiben. Danach wurde Rasche aber von der Polizei abgeführt und vier Stunden lang festgehalten.

Nach jeder Fernsehsendung geschah das Gleiche: Die Bestellungen für »Störkraft«-CDs schnellten in die Höhe, wir kamen mit dem Nachpressen der Platten kaum nach. Die Band freute sich über den Erfolg. Denn er war Resultat genau dessen, was sie von mir erwartete: Werbung auf allen Kanälen.

Als »Störkraft«-Manager wurde ich auch zur renommierten NDR-Talkshow eingeladen. Reisekosten inklusive. Ich wurde in Hamburg im »Hotel Atlantik« untergebracht, gleich gegenüber den Räumen, die Udo Lindenberg bewohnte. Ich saß stolz in meinem Zimmer und plünderte die Mini-Bar. Selten war ich überzeugter als augenblicklich, daß mein Weg der richtige war. Die Talkshow bestätigte mich.

Mein Diskussionsgegner an jenem Abend war der legendäre Konzertveranstalter Fritz Rau. Nachdem er eine ganze Weile darüber philosophiert hatte, was große Künstler sind – nach seiner Auffassung vor allem die Rolling Stones –, rutschte ihm der Satz raus: »Daß ich ein Hitler-Junge war, habe ich schon lange wieder gut gemacht.«

Damit war mit der Triumph des Abends sicher.

Was wollte ich mehr?

Auch Antenne Bayern wollte ganz nah am Puls der Zeit sein. Viktor Worms, der auch die ZDF-Hitparade moderiert hatte, lud mich in seine Talkshow ein. Die Argumente gegen den Nazi-Rock sollte Hartmut Engler von *PUR* liefern. Er war sehr freundlich und sehr schlecht vorbereitet. Wie viele unserer anderen Diskussions-Gegner war er offenbar der Meinung, daß Rechtsrocker Dummköpfe seien, die man ohne Probleme unter den Tisch reden könne. Ein Irrtum.

In der Sendung versuchte man, uns über den Leisten zu ziehen. Denn bei den Anrufern wurde Viktor Worms vorher signalisiert, ob es sich um positive oder um negative Äußerungen handeln würde. So wollte man sichergehen, daß nur kritische Stimmen über den Sender gingen, die sich gegen rechte Rockmusik aussprachen. Dies ahnend, hatte ich vor der Sendung unsere Freunde im Süddeutschen mobilisiert. Sie riefen im Studio an und schimpften: »Wie kann man solche Nazis einladen?« Worms stellte sie durch. Nun aber fanden sie unsere Musik ganz prima und kritisierten, daß der »Hakenkreuzsong« so selten im Radio gespielt wird. Das sei doch ein sehr schönes Lied.

Das Spiel mit den Medien faszinierte mich.

Meine Fernsehauftritte blieben weder im Rathaus noch in der Stadt unbemerkt. Die Zeche zahlte vor allem »meine« Fraktion. Das Café von Herbert Zaunbrecher und Petra Lauers Friseursalon wurden beliebte Zielobjekte für die Antifa. Regelmäßig wurden die Eingänge beschmiert und Fensterscheiben eingeschlagen. Aber da ich in der Fraktion die meiste Arbeit machte, trauten sich die beiden nicht, mich vor die Tür zu setzen. Ich machte es ihnen so schwer wie möglich. Ich organisierte selbst Foto-Sessions mit *Störkraft* im Rathaus, manchmal auch nachts. Zaunbrecher wurde mit schöner Regelmäßigkeit vor den Ältestenrat zitiert und mußte für mich Prügel einstecken.

An einem Morgen fuhr ich mit meiner roten Honda Shadow am Rathaus vor. Dort sprachen mich drei Mädchen an. Eine hatte lange, brünette Haare und trug eine zerrissene Jeans, die Einblicke gestattete. Der pralle, runde Hintern wurde nur sehr ungenügend von den Textilien bedeckt. Das Mädchen hieß Sandra und sollte mit den beiden anderen Schülerinnen Fragen für eine »Schnitzeljagd« beantworten. Ich nahm die drei mit und beauftragte meine Sekretärin, den Fragebogen auszufüllen. Offenbar tat sie das gewissenhaft. Denn nachmittags stand Sandra vor meinem Schreibtisch und überreichte einen Luftballon als Dankeschön. In dem steckte ein kleiner Zettel. Darauf stand: »Hast du heute abend Zeit?«

Ich hatte.

Am Abend ist nichts passiert. Sandra war erst 16, und ich hatte keine Lust, mich mit meiner Freundin Anja zu streiten.

Aber das Mädchen mit den wunderbar zerrissenen Jeans erklärte, sie habe Zeit. »Ich kann warten.«

Ich ahnte, daß meine Tage im Rathaus gezählt waren. Es kamen Briefe, die an »Störkraft-Management, Rathaus Düsseldorf« adressiert waren. Es hielten sich außerdem Gerüchte, daß ich nachts in den Fraktionsräumen der anderen Parteien unterwegs sei und deren Anträge für die nächste Ratssitzung ausspionierte. Denn oft war die Verwunderung groß, wenn wir Anträge stellten, die eigentlich von SPD oder Grünen eingebracht werden sollten. Die stimmten dann aus Prinzip dagegen. Um klarzustellen: Ich bin nicht nachts durch das Rathaus geschlichen. Das hatte ich gar nicht nötig.

Obwohl es keine Beweise gegen mich gab, verhängte Oberbürgermeister Klaus Bungert ein Rathausverbot. Weil ich jedoch keine Anstalten machte, meinen Platz zu räumen, wurde ich von der Polizei hinausgeführt.

Das war das vorläufige Ende meines demokratischen Dienstes am Volke.

4. KAPITEL

Es war Zeit zu packen. Ich nahm noch an einer Sitzung der Fraktion *Freie Wählergemeinschaft* teil, wo sich mit mir die »Party-Fraktion« aus dem Rathaus verabschiedete. Das waren rund 60 Prozent der Mitglieder, denen klar war, daß der lustige Teil der politischen Arbeit nun vorbei war.

Mein Schreibtisch war übersichtlich. Darauf stand der Wimpel der Panzer-Grenadiere, den ich zum Abschied aus der Bundeswehr bekommen hatte, an der Wand hingen ein Zeitungsausschnitt aus den 30er Jahren, der sich mit dem Tod des Reichspräsidenten Hindenburg beschäftigte, und ein schwarz-rot-goldenes Airbrush-Bild vom Brandenburger Tor. Als ich vor dem Rathaus stand, sah ich mich noch einmal um. »Ich komme wieder – schneller als ihr glaubt«, sagte ich zu mir selbst.

Nach dem Verlassen des Rathauses hatte ich das Bedürfnis, einen langen Spaziergang am Rhein zu machen. Allein – was mir unter normalen Umständen viel zu langweilig gewesen wäre. Aber mein Rausschmiß aus dem Rathaus war kein Triumph. Ich empfand ihn als persönliche Niederlage. Es hatte nicht funktioniert, die »alten« Rechten mit den jungen zu vereinigen. Wenn die Party im Fraktionszimmer begann und damit der fröhliche Teil für unseren politischen Nachwuchs, waren Herbert Zaunbrecher und die anderen »Erwachsenen« nach Hause gegangen. Es gab kaum Berührungspunkte. Eine rechte Bewegung konnte so nicht entstehen. Vielleicht lag es an den Personen? Jemand wie Herbert Zaunbrecher hatte Probleme, auf jemanden zuzugehen, der sich eine Glatze geschoren hatte.

Vielleicht war auch das Düsseldorfer Rathaus nicht der richtige Ort für eine »Revolution von rechts«? Am Ende war ich ratlos, was bei mir selten vorkommt. Ich redete mir ein, daß es wohl viele verschiedene Gründe waren, die zum Scheitern der »Mission« geführt hatten.

Aber ich war zu jung, um mir darüber lange Gedanken zu machen. Ich beschloß, mir ein neues Betätigungsfeld zu suchen. Schließlich hatte ich auch einen Job verloren, der mich leidlich ernährt hatte. Den Grundstein für meinen neuen hauptberuflichen Wirkungskreis hatte ich bereits gelegt. Gemeinsam mit *Störkraft*-Sänger Jörg Petritsch und dem Kölner Manfred Rouhs, der dort für die *Deutsche Liga für Volk und Heimat* im Rat saß, gründete ich den Musikverlag »Dorfmusik«, später »Creative Zeiten GmbH«. Auch mein damals bester Freund, Chistian Eitel, war mit an Bord. Christian hatte Kommunikationswissenschaften studiert und war als ausgebildeter Werbekaufmann bei BBDO die ideale Ergänzung.

Der Verlag produzierte zunächst keine eigene Musik, sondern beschränkte sich darauf, andere Rechtsrock-CDs zu vertreiben und Konzerte zu organisieren.

Das war nicht so einfach, denn sobald die Behörden Wind davon bekamen, daß Bands wie *Störkraft* oder *Radikal* eine Halle angemietet hatten, wurde die Veranstaltung sofort verboten.

Das führte dazu, daß in vielen Städten »Nationale Info-Telefone« eingerichtet wurden. So konnte man in kurzer Zeit viele Leute darüber informieren, wo die Post abging. Das funktionierte exzellent, nicht nur bei den Konzerten, auch bei den Märschen, die traditionell zum Todestag von Rudolf Heß veranstaltet wurden.

Einmal war eine große Veranstaltung in Bayreuth geplant, die aber von den Behörden verboten wurde. Ein Großaufgebot von Polizisten verfolgte und kontrollierte die Busse, in denen aus ganz Deutschland die Demonstrationsteilnehmer eintrafen.

Ich bevorzugte bei solchen Anlässen die Anreise im eigenen Wagen, schon weil ich mir meine Designer-Klamotten ungern dreckig machte. Außerdem hatte ich im Pkw ein Funk-Telefon, über das ich den Aufmarsch meiner Kameraden dirigieren konnte. Wir leiteten die gesamte Gesellschaft kurzerhand nach Rudolstadt in Thüringen. Dort konnten sich die 2.500 Jungs ungehindert in Reih und Glied aufstellen und das Deutschland-Lied anstimmen. Sie skandierten inbrünstig »Märtyrer für Deutschland« und erhielten von vielen älteren Rudolstädtern Applaus.

Oft wurden Konzerte auch getarnt. Zum Beispiel in Zwickau, wo wir die Halle für ein Wohltätigkeitskonzert angemietet hatten. Die 1.500 tobenden Skins wußten, ohne daß es vorher publiziert worden war, daß später *Störkraft* auf die Bühne kommen würde. Zunächst schickten wie die harmlose Düsseldorf-Wuppertaler Hardrock-Band *Random* ins Rennen, die nach kurzer Zeit ausgebuht wurde. Hinter der Bühne setzte es noch eine Tracht Prügel.

In der Halle warteten alle auf »Kraft für Deutschland«, den Song, mit dem Jörg Petritsch fast alle Konzerte begann.

Der Mob rief »Sieg heil!«, tobte nach den ersten Gitarrenriffs und hörte bis zum letzten Ton nicht mehr auf. Hakenkreuz-Fahnen wurden ausgerollt, in den Applaus nach jedem Stück wurde »Heil Hitler!« gerufen. Wir waren echte Popstars für die Skins.

Während unsere Freundinnen draußen CDs und T-Shirts verkauften, bedienten Jörg und ich im Backstage-Bereich die Groupies. Sie bekamen Autogramme aufs Hemd, wenn sie es vorher auszogen. Manchmal spritzten wir die Mädchen naß, damit die T-Shirts nachher schön eng anlagen.

Nach den Konzerten machte ich mich aus dem Staub. In der Regel hatte ich ein Hotelzimmer gebucht, daß mindestens 50 Kilometer von der Konzerthalle entfernt lag. Denn ich legte Wert auf Pool und Sauna, eben auf Luxus. Mit den Skins wollte ich möglichst wenig zu tun haben.

In Zwickau hatte sich ein Fernseh-Team von »Sat.1« unbemerkt in das Konzert geschlichen. Ein paar Tage später liefen Ausschnitte im Nachrichten-Magazin »Akut«. Das hatte Folgen. Jörg Petritsch wurde wegen Volksverhetzung angeklagt. Da der *Störkraft*-Sänger damals in Andernach wohnte, fand der Prozeß in Koblenz statt.

Wir produzierten bis zur Verhandlung die CD »Mordbrenner, ihr gehört nicht zu uns.« Doch das überzeugte den Richter nicht. Petritsch wurde zu zwei Jahren Haft auf Bewährung verurteilt.

Leider wollten auch die *Störkraft*-Fans die CD nicht hören.

Wenig später löste sich die Band auf. Petritsch übernahm die Firma seines Vaters, und der Schlagzeuger verabschiedete sich als Vorwerk-Staubsaugerverkäufer in ein bürgerliches Leben. Nur der Gitarrist Volker Grüner macht noch heute Musik, allerdings Punkrock.

Immerhin hatten wir es geschafft, sogar von den linkskommerziellen »Ärzten« besungen zu werden. »Zwischen Störkraft und den Onkelz steht ne Kuschelrock-LP« hieß es in ihrem Anti-Skin-Song »Schrei nach Liebe«. Er hat mir so gut gefallen, daß später meine Haus-Combo *08/15* das Lied umgetextet hat. Es hieß »Schrei nach Seife« und war ein Anti-Links-Song.

In allen Phasen meines Lebens hatte ich »Lehrmeister« und wußte deren Erfahrungen zu schätzen. Darum wollte ich unbedingt Ian Stuart Donaldson kennenlernen. Er hatte Ende der 70er Jahre in England die in Deutschland verbotene »Blood and Honour«-Bewegung gegründet und die ehemalige Punkband »Screwdriver« zur ersten echten »White Power«-Gruppe gemacht. Donaldson hatte mitbekommen, daß ich vor allem im deutschen Osten sehr gute Vertriebswege aufgebaut hatte. Ich wiederum wollte von seinen internationalen Kontakten nach Belgien, Norwegen, Schweden und Dänemark profitieren.

An unsere erste Begegnung kann ich mich genau erinnern.

Stuart Donaldson war ein kompakt-kräftiger Mann mit kahlgeschorenem Kopf und durchdringenden Augen. Er besaß das gefährlichste, was ein politischer Verführer haben kann – Ausstrahlung.

»You are the fucking German?« fragte er mich provozierend.

Ich nickte.

Bald merkte ich, daß ihm Geld nicht besonders wichtig war, Ian ging es um die »weiße Sache« . Er hatte auch keine Hemmungen, einer farbigen Kellnerin ein Glas Bier ins Gesicht zu schütten, wenn sie ihn nicht schnell genug bediente. »White Power« mit Schaum eben.

Wir machten uns gegenseitig einige gute Kontakte, von denen beide profitierten. Stuart Donaldson hatte nicht mehr lange etwas davon. Er kam bei einem Autounfall ums Leben.

Ich war zu jener Zeit fest davon überzeugt, daß es eine rechte politische Bewegung geben werde, die sich auch parlamentarisch etabliert. Darum ärgerte ich mich, wenn sich Konzert-Besucher untereinander prügelten. Vor allem die Fußball-Hooligans aus Hamburg, Bremen, Gelsenkirchen, Dortmund und Berlin gaben sich oft »was auf die Fresse«, wie sie es nannten. Mit Ehre und Kameradschaft, von denen in den Liedern oft die Rede war, hatte das nichts zu tun.

Ich wollte versuchen, das Chaos unter Kontrolle zu bringen.

Vor allem die neuen Bundesländer schienen mir dafür der ideale Nährboden. Für einen »Wessi« war schnell klar: Die jungen Leute rebellierten gegen alles, was ihren Eltern heilig war. Von der jahrzehntelang aufgezwungenen Freundschaft mit den Russen, die von vielen eher als Besatzer empfunden wurden, hatte sie offenbar genug. Die schwarz-rot-goldene Euphorie nach dem Fall der Mauer schlug schnell um in Nationalismus, den man nun endlich ausleben konnte, ohne Angst zu haben, vom Netz der Stasi gefangen zu werden. Die Musik dazu wurde aus dem Westen geliefert.

Die englische »Blood and Honour«-Bewegung mit der Kultfigur Ian Stuart Donaldson an der Spitze hatte schnell eine große Fangemeinde, auch Bands wie *Brutal Attack* oder *Fortress* verkauften massenweise CDs. Im Sog der rechten Musik entdeckten neben *Störkraft* auch Gruppen wie *Endstufe*, *Kahlkopf* und *Radikal* den neuen Markt.

Ich wollte nicht nur an der Spitze der neuen rechten Bewegung stehen, sondern mich davon auch ernähren. Darum gründete ich mit meinem Freund Andreas Zehnsdorf die Schallplattenfirma »Funny Sounds and Vision«, um eigene Tonträger zu produzieren. Außerdem war mit klar, daß die rechte Musik endlich auch ein Medium brauchte, denn in den normalen Musikzeitschriften fand das Genre nicht statt. »Creative Zeiten« nannten wir den Verlag, der die Zeitschrift »Rock Nord« herausbrachte, die auch heute noch existiert und eine Auflage von 14.000 Exemplaren hat.

Man machte uns die »Existenzgründung« so schwer wie möglich, denn wir konnten zunächst nicht einmal ein Geschäftskonto einrichten. Die Düsseldorfer Sparkasse gab uns schriftlich, daß wir als Kunden nicht erwünscht seien. Ähnlich reagierten auch Deutsche Bank und Dresdener Bank, als sie sahen, daß Torsten Lemmer als Geschäftsführer des Unternehmens eingetragen war. Schließlich kamen wir bei der Postbank unter, weil man dort halbanonym ein Konto eröffnen konnte, was im Klartext hieß: Für das Postgiroamt war Lemmer nur eine Nummer und keine Person.

Wenn wir versuchten, Räume anzumieten, waren die Leute zunächst freundlich. Ein paar Tage später bekamen wir eine Absage. In der Regel schriftlich und ohne Begründung. Die gleichen Probleme gab es, wenn wir einen Telefonvertrag abschließen wollten.

Mit Michael Dewers, der manchmal als zweiter Gitarrist bei *Störkraft* mitgespielt hatte, gründete ich *Rheinwacht*. Auf den Namen kam ich durch meinen alten Handballverein. Der hieß »Rheinwacht Unterrath«, und ich hatte dort alle Jugendmannschaften durchlaufen. Wie alle Rechtsrock-

Bands hatte auch *Rheinwacht* keine Chance, auf normalem Wege an einen Proberaum zu kommen. Also klebten wir einen Raum im Keller unseres Verlagsbüros an der Jägerstraße in Düsseldorf-Eller mit Styropor-Platten aus. Das reichte bei weitem nicht aus, und so gab es wegen des Lärms schon bald Ärger mit den Nachbarn. Und nicht nur mit denen.

Bald bildete sich eine Bürgerinitiative in Eller, an der in vorderster Front der Pfarrer agierte. Antifa und Gewerkschaften organisierten große Demonstrationen vor unserem Büro, an denen bis zu 1.000 Menschen teilnahmen.

Es verging kaum ein Tag, an dem das Firmenschild nicht beschmiert wurde. Ich mußte regelmäßig meine Autos wechseln. Sobald die Linken herausbekommen hatten, mit welchem Wagen ich unterwegs war, wurden die Reifen zerstochen. Meist gleich alle vier, ganze Arbeit eben.

Nicht nur die Linken nannten uns das Zentrum des rechten Terrors in Deutschland.

Einmal erwischten wir ein paar von den Antifa-Leuten, als sie uns vor der Firma »Anti-Nazi-Aufkleber« an die Autos pappten. Die klebten besonders fest und konnten nicht abgemacht werden, ohne daß der Lack beschädigt worden wäre. Es setzte eine ordentliche Tracht Prügel. Angezeigt haben die Linken uns nicht, weil sie eindeutig eine Sachbeschädigung begangen hatten. Aber eingestellt haben sie ihre nächtlichen Angriffe nach der Strafaktion auch nicht.

Man beließ es nicht bei Schmierereien und Zerstörungen.

Der Hausbesitzer wurde so massiv unter Druck gesetzt, daß er irgendwann gar nicht mehr anders konnte und uns die Kündigung schicken mußte. Besonders bitter war das für meinen Ziehvater Kurt Winter, der uns die Räume zur Verfügung gestellt hatte. Er mußte nach 25 Jahren sein Verlagshaus räumen.

Es gelang mir schnell, einen neuen Firmensitz in Langenfeld zu finden. Um ähnlichen Ärger wie in Düsseldorf zu vermeiden, schloß ich einen Fünf-Jahres-Mietvertrag ab.

Der Flur war ein langer Schlauch, der mich an den Film »Das Boot« erinnerte. Von dort führten Türen in die verschiedenen Büros. Hier fühlte ich mich wohl.

Aber auch in Langenfeld gab es bald Ärger. Das neue Unternehmen, das sich in der Düsseldorfer Schlafstadt angesiedelt hatte, war schnell Thema in der Ratssitzung. Aber unser Mietvertrag war wasserdicht, bald glätteten sich die Wogen, und es gab keine Demonstrationen mehr.

Der Umzug dauerte eine ganze Woche. Denn vor allem bei dem Verlag hatte sich in Jahrzehnten so viel Papier angesammelt, daß ein LKW nach dem anderen beladen wurde. Es standen uns genug kräftige junge Skinheads zur Verfügung, die eifrig mit anfaßten.

Rheinwacht hatte in der Zwischenzeit genug geprobt, und wir konnten endlich in die Produktion gehen. Zwölf Stücke waren fertig, »Neue Macht« hieß der Titelsong, an dem ich mitgeschrieben hatte.

Die meisten Studiobesitzer zeigten keine Lust, Rechtsrock-Platten aufzunehmen, selbst wenn es ihnen wirtschaftlich schlecht ging. Aber auch hier gab es bald »Spezialisten«, die diese Mauer aufbrachen.

Ein Amerikaner im Weser-Emsland hatte sich auf solche Kundschaft orientiert und im Örtchen Gander-Kesee ein Studio eingerichtet. Der Mann wußte, wie man mit Bands umgeht, bei denen meist nur einer sein Instrument halbwegs beherrschte. Nach zwei Wochen Krach, der von exzessiven Sauforgien unterbrochen wurde, war mein erstes Produkt fertig. »Fun 001« hieß die Produktionsnummer nach der Firma »Funny Sounds and Vision«.

Der Grundstein für die neue Firma war gelegt, die CD »Neue Macht« wurde etliche tausend Mal verkauft.

Mitten in dieser entscheidenden Phase bekam mein Partner Andreas Zehnsdorf Post vom Kreiswehrersatzamt – er sollte zur Bundeswehr. Das kam äußerst ungelegen. Kaum in der Kaserne angekommen, erklärte er als bekennender Neonazi, daß er sich freue, endlich an der Waffe ausgebildet zu werden. Diese Fähigkeiten benötige er beim bewaffneten Kampfe.

Das war die sicherste Methode, um ausgemustert zu werden.

In den ersten Monaten war ich fast pausenlos unterwegs, um Vertriebswege aufbauen. Normale Schallplattenläden verkauften selbst die nicht indizierten Rechtsrock-CDs ungern. Andere wiederum legten sich für ihre spezielle Kundschaft gern einen Vorrat unter der Ladentheke an. Aber die wollten vorher gern wissen, mit wem sie es zu tun bekamen. Darum lieferte ich die Kartons oft persönlich aus.

Der Einsatz zahlte sich aus. Bald hatte ich ein Netzwerk aufgebaut, um unsere CDs zu vertreiben.

Diese wurden bald in schneller Folge produziert. Ein paar Häuser von unserem Büro entfernt probte eine Rockabilly-Band. Die wollte auch gern eine CD produzieren, hatte aber kein Geld. Wir wurden uns schnell einig. Sie produzierten unter dem Namen *Schlagzoig* die erste rechte Rockabilly-Platte und durften dafür auch zwei »normale« Songs auf unsere Kosten im Studio aufnehmen.

Auch dieses Geschäft lohnte sich, *Schlagzoig* verkaufte sich prima. Der Absatz der CDs lief zeitweise so gut, daß wir kein Verpackungsmaterial für die Lieferungen mehr hatten. Darum wurden die Tonträger zum Teil in gebrauchten Pizza-Schachteln verschickt. Beschwert hat sich von den Empfängern keiner. Die haben vermutlich gedacht, daß es sich um einen genialen Einfall zur Tarnung der Sendung handelt. Hätte ja auch gut sein können.

Der Erfolg hatte seinen Preis. In einer Dokumentation der ARD nannte man mich einem der »gefährlichsten Neonazis seit dem Zweiten Weltkrieg«. In meiner Heimatstadt war ich bekannt wie eine bunte, nein braune Kuh. Das bekam auch meine Familie zu spüren. Viele Jahre lang waren meine Eltern in einem Tanzkreis aktiv. Plötzlich wollten dort einige langjährige Bekannte nicht mehr mit ihnen reden. Sie gingen irgendwann einfach nicht mehr tanzen.

»Muß das denn alles sein?« fragte mich mein Vater vorwurfsvoll.

Es mußte.

Anderswo funktionierte das soziale Leben noch. Zum Beispiel am Sonntagmorgen auf den Rheinwiesen. Noch aus der »United«-Zeit, als Punks und Skinheads gemeinsam durch die Altstadt zogen, stammte das Ritual, dort gemeinsam dem Ball nachzujagen. Die *Störkraft*-Crew kickte mit den *Toten Hosen,* mit Campino und dem Manager Trini Trimpop. Viel zu sagen hatte man sich nicht mehr, aber das war beim Fußball auch nicht so wichtig.

Die Folgen meiner Popularität bekam ich bald schmerzhaft zu spüren. Ich war nachts mit einem Freund in der Düsseldorfer Innenstadt unterwegs. Eine Horde Jugendlicher kam uns entgegen. Plötzlich rief einer: »Das ist doch der Scheiß-Nazi Lemmer!«

Sekunden später verpaßte mir ein riesiger Zottelkopf eine Kopfnuß. Ich brach blutend zusammen. Ich schaffte es, mich bis zur Wohnung meines Bruders zu schleppen. Der lag mit seiner Frau im Bett, als ich im Schlafzimmer erschien. Das Blut tropfte auf den Bettkasten, während der Notarzt unterwegs war. Diagnose: doppelter Nasenbeinbruch.

Ich legte mir Bodyguards zu, zwei kräftige Jungs in Bomberjacken, die mich zuweilen auch bei Einkäufen begleiteten und ein paar Schritte hinter mir und meiner Damenbegleitung liefen. Dabei reduzierte sich die Zahl der Geschäfte, in denen man mein Geld haben wollte, ständig. Es gab kaum eine Boutique in der Altstadt, wo man mich nicht freundlich, aber bestimmt nach draußen wies.

Ähnlich ging es mir auch in vielen Restaurants. Das kam zusammen mit der Rechnung der Hinweis: »Wir legen keinen Wert darauf, daß Sie unser Lokal noch einmal besuchen.«

An der Königsallee und in den Luxus-Läden an den Seitenstraßen war man weniger zimperlich. Da ist die politische Toleranz offenbar im Preis enthalten, vielleicht ist vieles deswegen dort so teuer. Dort jedenfalls konnte ich in aller Ruhe einkaufen, während meine Jungs diskret vor der Türe warteten. Sie trugen uns anschließend die Einkaufstüten hinterher.

An dem Tag, als Sandra 18 Jahre alt wurde, flog ich mit ihr in den Urlaub nach Kenia. Als wir zurückkamen, faßte ich mir ein Herz und machte mit Anja Schluß, nachdem ich mich fast zwei Jahre lang nicht für eine von beiden hatte entscheiden können.

Ich hatte soviel Spaß an und mit Sandra, daß ich auch tagsüber ungern auf sie verzichten wollte. Die Industrie- und Handelskammer hatte keine Bedenken, daß bei »Creative Zeiten« ausgebildet wurde, so bekam Sandra eine Lehrstelle als Bürokauffrau.

Ein Kollege war schon da: Mike Beyer, »Stützpunktleiter« der *Jungen Nationaldemokraten* in Rheine. Der mußte als Kamerad untergebracht werden, weil er keine Chance hatte, in einem anderen Betrieb einen Ausbildungsplatz zu erhalten.

Ich hatte viele Ideen im Kopf, als ich eines Morgens ins Büro kam. Daß irgend etwas nicht in Ordnung sein könnte, machte mir der ernste Blick schnell klar, mit dem ich von meinem Geschäftspartner empfangen wurde. Vor Andreas lag eine Reihe von Rechnungen und Kontoauszügen. »Torsten, wir sind pleite. Ich muß jede Menge Rechnungen bezahlen, und hab keine Ahnung, woher ich die Kohle nehmen soll.«

Er hatte recht. Wir hatten jede Menge Geld für CD-Produktionen, Reisekosten und Musiker-Honorare ausgegeben. Außerdem lebten wir selbst auch nicht schlecht. Leider entsprachen unsere Einnahmen nicht den Ausgaben. Wir saßen stundenlang zusammen, bis ich eine Idee hatte. »Geh mal nach draußen. Drei Häuser weiter ist eine Baustelle. Klau da einen Ziegelstein.«

Andreas schaute mich etwas merkwürdig an, tat dann aber doch, was ich ihm gesagt hatte. Offenbar war er sehr gespannt, was ich mit dem Ziegelstein machen würde.

»Jetzt hol unsere Kunden-Kartei.« Dann legte ich den Ziegelstein auf den Kopierer und schrieb auf das Blatt mit dem Stein: »Kauft für 20 Mark einen Baustein für die vaterländische Musik.«

Den Bogen faxten wir an alle unsere Kunden. Tatsächlich kam so ein dicker fünfstelliger Betrag zusammen, der uns erst einmal über den schlimmsten finanziellen Engpaß half. Ich war selbst überrascht, wieviel Geld man aus einem kopierten Ziegelstein machen konnte.

Schon bald entstand die nächste Idee, die den Arbeitstitel »Skinland« trug. Ich wollte irgendwo auf dem Land einen alten Bauernhof mit viel Land kaufen. Dann wollte ich den Skins für jeweils 1.000 Mark einen Quadratmeter davon verkaufen. Denn viele waren es leid, daß sie bei ihren Veranstaltungen immer wieder vertrieben wurden. In »Skinland« sollten sie endlich ungestört ihre Konzerte durchführen können. Und vom eigenen Gelände konnte sie auch die Polizei nicht vertreiben. Allerdings scheiterte das Projekt daran, daß ich kein geeignetes Grundstück fand.

Die Rettungsaktion war auch nicht mehr notwendig, denn die Firmen erholten sich schnell, und wir achteten ein wenig intensiver auf unsere Ausgaben. Eines unserer besten Pferde im Stall war *08/15*. Das war eigentlich mehr eine Spaß- als eine Rechtsrock-Band. Führender Kopf war Rainer Sebrecht, der musikalisch ausgesprochen vielseitig war und auch als Solist Liederabende veranstaltete.

08/15 – den Name lieferte ein deutsches Gewehr aus dem Ersten Gewehr – hatte Riesenerfolg. Sogar aus Skandinavien kamen die Bestellungen. Hier kamen mir die Kontakte zugute, die ich durch Ian Stuart Donaldson geknüpft hatte. Ich organisierte mit Peter Kreß eine gemeinsame Tournee mit der englischen Nazi-Band *Brutal Attack*.

Anfangs hatte ich immer das Ziel, rechte CDs in den

Hitparaden unterzubringen, schon der Werbung wegen. Die einzige Band, die das schaffte, waren die *Böhsen Onkelz,* und auch dann erst, als sie sich vom musikalischen Saulus zum Paulus gewandelt hatten. Daß sie ihre umstrittenen Lieder auch später noch instrumental spielten und das Publikum den Text singen ließen, machte deutlich, was von dem politischen Sinneswandel zu halten war.

Fest steht, das der gesamte Markt der rechten Rockmusik von »Media Control« nicht erfaßt wurde und wird. Das liegt zum großen Teil daran, daß die Firmen ihre Zahlen nicht weitergeben. Ich bin mir sicher, daß etliche unserer CDs unter die ersten 20 gekommen wären, hätte man unsere Zahlen berücksichtigt.

Bald wurde mir klar, daß niemand wirklich Interesse daran hat, die exakten Zahlen zu ermitteln. Zum einen wird ein großer Teil des Umsatzes mit Platten gemacht, die unter der Ladentheke verkauft werden. Zum anderen besteht auch politisch kein Interesse daran, daß öffentlich gemacht wird, wie groß der Anteil rechter Rockmusik ist – mit Sicherheit viel größer, als es den politischen Sonntagsrednern recht ist. *Störkraft* zum Beispiel verkaufte bei einigen CDs bis zu 70.000 Stück und wäre damit eine der erfolgreichsten deutschen Rockbands in ihrer Zeit gewesen.

Die sicherste Methode, daß eine Platte in der rechten Szene ein Erfolg wurde, war ihr Verbot oder die Indizierung durch die Bundesprüfstelle für jugendgefährdende Schriften. Wurde dort eine CD auf den Index gesetzt, stiegen am nächsten Tag die Bestellungen oft auf das Zehnfache – die Indizierung galt in der Szene als absolutes Qualitätsmerkmal.

Dieses Prinzip haben die Staatsanwälte nicht begriffen, die etliche Bands wegen Volksverhetzung vor Gericht brachten. Aber denen blieb auch nichts anderes übrig, als den Anzeigen nachzugehen, wenn sie erstattet wurden. Gesetz ist Gesetz. Wir haben uns darüber immer sehr gefreut, denn wirtschaftlich konnte nichts Besseres passieren.

Dies hieß natürlich nicht, daß wir diese CDs weiter verkauft haben, aber alle anderen legalen Platten und Fanartikel liefen umso besser. Das war den Musikern schon mal die eine oder andere Bewährungsstrafe wert.

Natürlich legten wir es als Firma nicht darauf an, Ärger zu bekommen. Darum beschäftigten wir zwei Rechtsanwälte, die alle Song-Texte vor der Veröffentlichung prüften. Prospekte schickten wir auch an die Abteilung »Staatsschutz« im Polizei-Präsidium. Dabei war der Grat zwischen dem gerade noch Erlaubten und der Strafanzeige sehr schmal. Der Text »Mein Großvater war kein Verbrecher« blieb unbeanstandet. Wenn »Mein Großvater, der SS-Mann, war kein Verbrecher« gesungen wurde, kamen von unseren Rechtsverdrehern schwere Bedenken. »Scheinasylanten raus« war im Rahmen des Erlaubten, »Ausländer raus« dagegen galt als Volksverhetzung und wurde herausgestrichen.

Im übrigen ärgerte uns damals sehr, daß die Justiz offenbar nur auf dem rechten Auge wachsam war. So durfte die Linksrock-Band *Normaahl* ungestraft »Haut die Bullen platt wie Stullen« singen. Die gleiche Zeile aus unserer Produktion hätte garantiert für Ärger gesorgt, und wenn da statt Bullen Türken oder Juden gestanden hätte, wäre eine Gefängnisstrafe sicher gewesen. Darum nahmen wir uns viel Zeit, um alle Texte juristisch »wasserdicht« zu machen.

Wenn die Lieder nachher dem einen oder anderen Staatsanwalt dennoch nicht gefielen, fühlten wir uns immer auf der sicheren Seite und sahen den Verhandlungen und der damit verbundenen Publicity mit Freuden entgegen.

Die Dinge wiederholten sich. Ich schrieb einen Song nach dem anderen. Der Inhalt war immer der gleiche. Es ging um Deutschland, Blut, Ehre, Ruhm, Türken und Kanaken. Dazu kamen laute Rock-Gitarren, ein stampfendes Schlagzeug und ein Baß, der ebenso dumpf wie geradlinig die Kopfbewegungen beim »Headbanging« dirigierte. Auch die Lust an den Konzerten verlor sich mit der Zeit. Es war immer das Gleiche.

Ich kann mich noch an einen Abend in Rheine erinnern, als 1.000 Skins unter anderem *Endstufe* und *08/15* hören wollten. Ich ging nur noch dorthin, um das Geld zu kassieren. Als die Musik begann, war ich schon längst auf dem Heimweg. Ich hatte Hunderte von Rechtsrock-Konzerten erlebt, die Szenen wiederholten sich. Eine echte Bewegung war daraus nicht geworden. Nach der Zugabe wurden die Hakenkreuz-Fahnen wieder eingerollt, die meisten wankten brav nach Hause. Zurück in eine bürgerliche Existenz, bei der die Eltern oft nicht wußten, wo ihre Töchter und Söhne am Vorabend waren. Einige von denen, die damals auf die *Störkraft*-Konzerte gingen, sind heute Ärzte oder Rechtsanwälte. Die lassen sich die CDs heute in die Praxis oder die Kanzlei schicken. Mit dem Hinweis »persönlich«.

Mit der Zeit kamen mir Zweifel, ob man mit den Konzerten wirklich politisch etwas bewegen könnte.

5. KAPITEL

Es gibt Dinge, für die ich heute keine vernünftige Erklärung mehr habe. Nur jene, daß ich mir immer wieder neue Etappenziele setzte und die unbedingt erreichen wollte. Die Musik allein führte nicht weiter. Es mußte eine Verbindung zur »wirklichen« Politik hergestellt werden. Das hieß, die jungen Leute, die zu den Konzerten kamen, sollten auch davon überzeugt werden, sich politisch zu engagieren.

Der Patriotismus, der überall in Deutschland mit dem Fall der Mauer aufzubrechen begann, schien mir ein guter Nährboden zu sein. Die Euphorie sollte in die Rathäuser getragen werden. Dazu war es notwendig, daß die rechte Bewegung zu einer Einheit wurde. Immer habe ich Franzosen und Engländer um ihren Nationalstolz beneidet. Ich wollte auch stolz auf mein Heimatland sein können.

Mitte der 90er Jahre begann die rechte Bewegung zu bröckeln. Es machten sich Auflösungserscheinungen breit, nachdem die rechten Parteien in fast allen Rathäusern jämmerlich gescheitert waren. Insbesondere die Politiker von NPD und *Republikanern*, die aus dem konservativen Lager kamen, konnten mit den Skinheads und ihrer Musik nichts anfangen. Sie distanzierten sich sogar auf den Parteitagen vom »rechten Pöbel«, wie manche der altgedienten Rechten die Jungen nannten. Die wollten auf den Parteitagen die alten Volkslieder hören, elektrische Gitarren wurde als »Negermusik« abgetan. Man redete kaum noch miteinander. Die Zahl der jungen Rechten, die zu Parteitagen kamen, schrumpfte ständig. Übrig blieben die, die schon seit Jahrzehnten politisch gescheitert waren. Ich wollte, daß die Kräfte endlich wieder gebündelt würden. Reibungsverluste konnten wir uns nicht leisten, denn politischen Druck aus dem linken Lager gab es reichlich. Ich unternahm den Versuch, Verständnis bei den »Alten« zu wecken und schrieb mein erstes Buch: »Skinheadrock«.

Das war nicht nur eine Bestandsaufnahme der »nonkonformen« Musik, wie ich sie nannte, sondern das Buch enthielt auch eine Reihe politischer Thesen. Nämlich, daß eine rechte Bewegung nur eine Zukunft habe, wenn sie sich der Jugend und ihrer Subkultur bediene.

Das Buch erreichte immerhin drei Auflagen.

Einziger Wermutstropfen war, daß mich Bernd Känzle, Staatssekretär im Kultusministerium von Bayern, wegen übler Nachrede anzeigte. Am Rande eines Vertriebenen-Treffens in Bayern hatte er mir mit freundlichem Händedruck »Gutes Gelingen« gewünscht, ohne zu wissen, was ich da zu Papier bringen würde. Ich ließ ein Foto vom Staatssekretär und von mir machen und stellte die Aufnahme ins Vorwort. Das Bild gefiel Känzle nicht mehr.

Wieder mal landete ich vor dem Gericht. Diesmal gab es 5.000 Mark Geldstrafe und einen Eintrag wegen übler Nachrede im Führungszeugnis.

Schon bald merkt die NPD, daß Parteitage ohne den verstoßenen Nachwuchs ziemlich einsam waren. Die Teilnehmer paßten bequem in eine mittelgroße Kneipe. Also hatte man die kahlköpfigen Mitstreiter wieder lieb. Die ließen sich erneut vor den Karren spannen. Bei der Demonstration zur Anti-Wehrmachts-Ausstellung in München liefen 5.000 Teilnehmer auf, darunter bestimmt 4.500 aus dem Skinhead-Lager. Ohne die Glatzen hätten die Altnazis nur ein armseliges Häuflein zusammenbekommen.

Ich hatte das Gefühl, mit den Thesen meines Buches etwas bewegt zu haben. Mehr jedenfalls, als ich es mit der Produktion von Rechtsrock-Platten hätte tun können. Das Buch wurde auch vom Verfassungsschutz dokumentiert, um mich als Verfassungsfeind darzustellen und später die Wandlung der rechten Parteien zur Skinhead-Frage aufzuzeigen. Es ermunterte mich jedenfalls zu weiteren literarischen Anstrengungen, denn ich hatte meinen Teil dazu beigetragen, daß die Rechten wieder gemeinsam für ihre Sache kämpften.

Eine andere Integrationsfigur im rechten Lager war Frank Rennicke. Der Liedermacher, der unter anderem Reinhard Mey als sein Vorbild bezeichnete, dichtete Balladen wie »Ich bin nicht modern – ich fühle Deutsch« oder »An Deutschland«. Die gefälligen Melodien gefielen den Älteren, die national-schwulstigen Texte mochten auch Skins und Hooligans.

Rennicke sang nicht nur konservativ, er lebte auch in einer anderen Welt. So verkaufte er seine Musik damals nur auf Vinylplatten und Kassetten. Es kostete mich einige Überredung, ihn davon zu überzeugen, mir zwei seiner Songs für eine CD zur Verfügung zu stellen. Die hieß »Unser Kampf – Deutsches Balladenliedgut«.

Da sich die Platte gut verkaufte, änderte der Liedermacher seine Einstellung zur modernen Technik und veröffentlicht seine Songs seitdem auch auf CDs. Ich kam auf die Idee, Frank Rennickes Biographie zu schreiben. Das erste, was mir einfiel, war der Titel. Als ich ihn besuchte, war die Enttäuschung groß. Der Liedermacher lebte in einem kleinen Dorf bei Stuttgart und war die Karikatur seiner selbst. Die Kinder saßen aufgereiht wie die Orgelpfeifen am Abendbrot-Tisch.

Niemand hatte mehr so alte Tonbandmaschinen in der Wohnung stehen wie Rennicke. Er lief in Cordhosen herum und trug Birkenstock-Schuhe. Rennicke trank niemals Cola und betrat niemals ein McDonald's-Restaurant. Man fühlte sich in die 70er Jahre zurückversetzt. Der Mann war wirklich nicht modern, und unsere Gespräche waren wenig fruchtbar. Ich hatte mir von ihm mehr versprochen. Von Witz, Geist und Esprit spürte ich nichts. Das war ein echter Eigenbrötler.

Daß so ein Mann auf Spitzfindigkeiten wie das Lied »Adolfs Ehrentag« kommen konnte, erstaunt mich noch heute. Darin besingt er einen Politiker, der am 20. April Geburtstag hat. Erst ganz am Schluß hört man eine Stimme. Sie gehört Adolf Scherer, einem österreichischen Politiker, der am 20. April 1848 geboren wurde. Es entstand ein Buch, das auch recht gut verkauft wurde, aber so etwas wie eine Freundschaft wurde daraus nicht.

Es gibt kaum zwei Menschen, die verschiedener sind als Frank Rennicke und ich. Dabei hatte ich lange die Illusion, daß Rechte gemeinsame Ziele haben. Aber es gab nicht mal so etwas wie den kleinsten gemeinsamen Nenner. Vielleicht war ich doch anders, schoß es mir durch den Kopf, als ich mich nach unserem letzten Gespräch ins Auto setzte und nach Hause fuhr.

Daß ich mich um die Buchprojekte kümmern konnte, lag nicht zuletzt daran, daß ich in meinen Firmen Verstärkung bekommen hatte. Jan Zobel war neben Andreas Zehnsdorf zweiter Geschäftsführer, zuständig für den kaufmännischen Bereich. Zobel, der später mit mir gemeinsam aussteigen sollte, kam aus Südafrika. Sein bester Freund dort war ein Farbiger, der ihn fast täglich zu Hause besuchte. Ausländerfeindlichkeit war ihm also nicht in die Wiege gelegt.

Das änderte sich, als Zobel mit vierzehn Jahren nach Deutschland kam, für weiße Südafrikaner noch heute so etwas wie das gelobte Land. Die Enttäuschung, daß in seiner Klasse mehr Türken, Russen, Pakistani und Griechen saßen, schlug bald in Wut um. Er fühlte sich um seinen Traum betrogen. Jan schloß sich den *Jungen Nationaldemokraten* an und wurde bald Bundessprecher.

An seiner Schule in Hamburg löste das einen Skandal aus. Die Lehrer weigerten sich, ihm die Abiturprüfung abzunehmen. Es gab Aufmärsche von linken Randalierern. Schließlich mußte der damals 18jährige sein Abitur unter Polizeischutz ablegen. Das führte dazu, daß Zobel in Hamburg bekannt war wie ein bunter Hund. So zog er es vor, sich aus der Hansestadt zu verabschieden und begann bei mir eine Lehre.

Ich bewunderte, daß Jan sein Ding bis zum Ende durchgezogen und das Abitur unter diesem Druck auch noch bestanden hat. So jemand konnte ich immer gut gebrauchen. Ich hatte mich nicht geirrt.

Jan begriff kaufmännische Zusammenhänge schnell und hatte gute Ideen. Schon bald verkürzte ich seine Lehrzeit und machte ihn zum zweiten Geschäftsführer. Wir haben auch den gleichen Humor. Er hatte genauso viel Spaß daran, wenn wir unsere »Stars« wie Jörg Petritsch oder Rainer Sebrecht in unsere »Kult-Badewanne« im Badezimmer des Büros steckten, um sie dann im Schaumbad zu fotografieren. Mit Mädchen machte das natürlich noch viel mehr Freude. Daraus entstand die Idee, unsere Produktpalette um den »Skin-Girl-Kalender« zu erweitern, den wir schon seit 1991 in kleiner Auflage herstellten und an unsere Geschäftsfreunde verschickten.

Auch er erwies sich bald als Verkaufsschlager.

Wenn gerade nicht genug Schaumbad da war, mußten die Damen auch mal mit Spülmittel zufrieden sein.

Zu den Riten, an die sich Jan bald gewöhnte, gehörten auch die regelmäßigen Besuche des Staatsschutzes. »Guten Tag, hier ist der Staatsschutz. Bitte machen Sie auf«, lautete der Standardsatz, wenn der Staatsanwalt mit bis zu zehn Kripo-Leuten an der Türe klingelte.

Wir waren rechts, aber nicht blöd.

Darum wußten die Beamten auch, daß sie bei uns nicht das finden würden, was sie von berufswegen suchen mußten.

Darum wurden die Durchsuchungen für alle Beteiligten bald Routine. Daß wir keine Waffen versteckten, wußte der Staatsschutz ohnehin. Wir waren auch freundlich und kooperativ, um zu vermeiden, daß die Durchsucher aus Wut über den fehlenden Erfolg ein Chaos hinterließen. Mit der Zeit kannten sich alle, und die Staatsschutz-Besuche bekamen eine gewisse Vertrautheit. Es gab auch schon mal Kaffee für die Beamten, wenn es etwas länger dauerte.

Natürlich konnte ich meinen Mund nicht halten und drückte den Polizisten ein paar Sprüche rein: »Ihr werdet noch sehen, was ihr davon habt. Die Stasi hat bis 1989 auch noch geglaubt, daß sie im Recht ist.« Es gab Beamte, die genau wußten, daß die Hausdurchsuchungen ausgingen wie das Hornberger Schießen.

»Wir müssen das machen«, zuckte einer der Staatsschützer mit den Schultern, als sein Vorgesetzter gerade mal vor der Türe war.

Die wirklich Leidtragenden waren die Mitläufer. Wie Bernd Buse. Der war eigentlich Hard-Rocker und ließ sich in einer schwachen Stunde überreden, als *Republikaner* für den Stadtrat zu kandidieren. Denn die nahmen damals jeden, nur um ihre Kandidatenliste vollzubekommen. Es gab einige, die sich zur Kandidatur überreden ließen und es später bitter bereuten. Denn so etwas blieb natürlich nicht geheim. Damit machte sich Buse zur Zielscheibe der sogenannten Antifaschisten. Die tobten sich seitdem regelmäßig vor seinem Schallplattenladen »Power Station« aus, demolierten die Scheiben und verzierten die Hauswand mit Sprüchen wie »Nazis raus!«.

Natürlich hat Buse auch Rechtsrock-Platten verkauft, zum Schluß fast ausschließlich, weil sich normale Kunden gar nicht mehr in seinen Laden trauten. Aber das reichte bei weitem nicht zum Überleben, »Power Station« mußte dichtmachen. Viel lieber hätte die Antifa natürlich meine Firmen vor dem Insolvenzrichter gesehen. Aber auch bei der »Jagd« auf Rechtsradikale bleiben meist nur die Kleinen auf der Strecke. Die Buses eben.

Auch wenn kleine Plattenhändler pleite gingen: Das Geschäft mit rechtsradikaler Rockmusik lief auch Mitte der 90er Jahre großartig. *Sturmwehr* und *Kraftschlag* hießen die angesagten Bands. Vor allem *Kraftschlag* hatte begriffen, wie man daraus Kapital schlägt, wenn ein Stück von der Bundesprüfstelle für jugendgefährdende Schriften indiziert wurde. Ihr »Trotz Verbot nicht tot« kam auf den Index.

Die nächste CD, nachdem Sänger Jens Arpe zu einer Haftstrafe verurteilt worden war, wurde ein Riesenerfolg. Arpe habe ich während einer Tournee kennengelernt, er hat sogar mal bei uns übernachtet, ohne daß eine nähere Bekanntschaft daraus wurde.

An *Sturmwehr*, die wir auch produzierten, habe ich eine besondere Erinnerung. Die Freundin des Sängers, die wir auch für ihren Skin-Girl-Kalender fotografiert hatten, setzte nachts einen dicken Haufen vor die Tür unseres Vermieters, was offenbar als Scherz gemeint war.

Es war nicht nur diese Art von Humor, die mich nachdenklich machte. Auch die Kameradschaftsabende, auf denen regelmäßig unter lauten Gejohle der besoffenen Skinheads die Ufa-Filme »Jud Süß« und »Der ewige Jude« gespielt wurden, verursachten mir am nächsten Morgen Kopfschmerzen. Die Filme waren psychologisch gut gemacht, sie zielten auf Gefühle und Empfindungen, nicht auf den Kopf. Sie erzeugten damals Wirkung bei Millionen. Das war gekonnt inszenierte Massenpsychologie, wie eine Gehirnwäsche. Die Mechanismen und Reflexe schienen noch immer zu funktionieren: Unsere Werbung bediente sich ihrer, das Fernsehen. Die Politik?

Eigentlich ein Scheißspiel.

Und ich machte dabei mit.

Mir lief es manchmal kalt den Rücken herunter, wenn die Skins bei Konzerten meine Lieder grölten. Natürlich hatte ich das so gewollt. Zuweilen jedoch befiel mich Angst: Wurde das alles nicht zu groß, zu gefährlich und unbeherrschbar. Wenn sich dieses Gefühl meiner bemächtigte, griff ich schnell zum Telefonhörer und rief irgend jemanden an. Denn ich hatte keine Lust, darüber zu sinnieren. Wichtiger war die Idee der großen rechten Revolution.

Auf keinen Fall wollte ich Opfer der Propaganda-Filme werden. Darum stellte ich Dinge, über die der aufrechte Nazi nicht lange nachdenkt, in Frage. Zum Beispiel alles, was mit Fremdenfeindlichkeit zu tun hat. In einem Spiegel-Interview sagte ich: »Ich gehe lieber zum Italiener ein Glas Wein trinken, als mir einen alten Film von Reichsparteitag anzusehen.«

Ich war mir nicht bewußt, welche Lawine ich damit losgetreten hatte. Vor allem die Rechten im Osten, denen ich wegen meines Faibles für Rolex-Uhren und Designer-Klamotten immer suspekt war, heulten auf. Es kamen telefonische Morddrohungen: »Du hast den Führer beleidigt. Beim nächsten Konzert gibt's ein Messer zwischen die Rippen.«

Andere gingen subtiler vor und riefen zu einem Boykott unserer CDs und des Magazins »Rock Nord« auf. Doch die Angriffe gingen ins Leere. Im Gegenteil. Als wir merkten, daß offenbar ein erheblicher Bedarf an »Anti-Lemmer«-T-Shirts und -Buttons bestand, beschlossen wir, diesen zu befriedigen. Wir produzierten alles selbst, was man für die Kampagne gegen mich brauchte. Damit konnten wir die finanziellen Lücken weitgehend schließen, die durch die Boykottaufrufe entstanden waren. Auch mein Zugpferd *08/15* schickte ich auf musikalische Anti-Lemmer-Mission.

Wir produzierten eine Maxi-CD mit dem Titel »Ruin«, auf dem die Band mich wüst beschimpfte. Auch das war eine gute Investition.

Natürlich stand ich in dieser Zeit erheblich unter Druck, da ich neben der Antifa nun auch noch die Rechten am Hals hatte. Ich machte mir weniger Sorgen um mich als um meine Familie, denn ich war in der Zwischenzeit wieder auf das Anwesen meiner Eltern gezogen. Morgens verließ ich mit einem unangenehmen Gefühl das Haus und schaute mich um, ob nicht jemand im Auto schon auf mich wartet. Wenn ich am Büro eintraf, fuhr ich mit dem Wagen eine Kontrollrunde um das Haus.

Insgesamt hielt ich es für besser, mich aus der vordersten Front ein wenig zurückzuziehen, zumal ich die Firmen bei meinem beiden Geschäftsführern in besten Händen wußte. Ich hatte die finanzielle Basis, um mir von der Dominikanischen Republik über Südafrika bis zum Balkan alles anzusehen, wonach mir der Sinn stand.

Einmal im Jahr flogen Sandra und ich nach Rhodos, wo ein griechischer Freund von mir ein hübsches Lokal hatte. Wenn wir dort Urlaub machten, nahm ich meine alte Plattensammlung mit und legte abends an der Bar als DJ den »Fun-Mix« auf. Da tanzten dann Engländer und Franzosen zu den *Böhsen Onkelz* und hatten ihren Spaß. Nur wenn deutsche Gäste kamen, sorgte die seltsame Zusammenstellung des Musikprogramms für verwunderte Gesichter.

Ich nutzte die Zeit zum Nachdenken. Auf langen Spaziergängen am Strand, ohne Telefon und ohne den Druck, jeden Tag tausend Entscheidungen für die Firmen treffen zu müssen, kamen mir zum ersten Mal Zweifel, ob ich bisher alles richtig gemacht hatte. Warum hast du Parolen nachgebrüllt, von denen du eigentlich wußtest, daß die Botschaft falsch und gefährlich war? Ist deren Akzeptanz der Preis dafür, daß du ein »Popstar« in der rechten Szene geworden bist? Was haben die Leute gemacht, als die Konzerte zu Ende waren? Sind sie vielleicht auf die Straße gegangen, haben Hakenkreuze an die Häuser von Ausländern geschmiert oder vielleicht noch Schlimmeres getan?

Ich begann mir Fragen zu stellen, ohne Antworten darauf zu finden. Ich war noch nicht soweit, mir Fehler einzugestehen. Das hatte natürlich auch etwas damit zu tun, daß meine politische Überzeugung und meine wirtschaftliche Existenz miteinander verknüpft waren. Immerhin besetzten wir mit unseren Produkten rund 40 Prozent des Marktes für rechtsradikale Musik in Deutschland. Manche behaupten, es sei sogar noch mehr gewesen – aber da es sich oft um indizierte Produkte handelt, kann das niemand genau nachvollziehen.

Ich fühlte mich zunehmend unwohl und suchte Alternativen, die mich ablenkten. Da ich Tiere schon immer sehr geliebt habe, widmete ich mich verstärkt einem neuen

Hobby: dem Hundesport. Dort fand ich Menschen, die mich und mein Umfeld nicht kannten und ganz unbefangen mit mir umgingen. Dabei stellte ich fest, wie schön es sein kann, ein ganz normales Leben zu führen. Ich reiste viel, schloß Freundschaften und bekam internationale Kontakte. Bekannte in Serbien beklagten, wie sehr die Hunde unter den NATO-Angriffen zu leiden hatten. So kam ich auf die Idee, ihnen zu helfen. Ich rief über das Internet zu einer Spendenaktion für die Tiere im ehemaligen Jugoslawien auf. Die Resonanz war viel größer, als ich erwartet hatte. Wir schickten regelmäßig Lastwagen mit Hunde- und Katzenfutter nach Serbien. Besonders gerührt zeigten sich meine Freunde vom Hundesportverein in Novisad. Sie fühlten sich politisch von allen im Stich gelassen. Nicht einmal die alten Freunde in Rußland hatten verhindert, daß Serbien bombardiert wurde. Darum erwarteten sie aus dem Westen auch nichts Gutes mehr.

Sie luden mich ein und wollten mich zum Ehrenmitglied des Hundevereins ernennen. Meine Gastgeber in Novisad gaben sich sehr geheimnisvoll. Alle Fragen wurden nur mit einem netten Lächeln beantwortet: »Du wirst schon sehen. Warte bis morgen.«

Am nächsten Tag fuhren wir zur Universität von Novisad. Dort erwarteten mich ein Dekan und zwölf Professoren. Ich muß sehr erstaunt geschaut haben, als sie mir den Ehrendoktortitel als »Doktor der Menschlichkeit« verliehen haben. Dabei blieb es nicht. Anschließend mußte ich auch dem serbischen Fernsehen noch ein Interview geben. Das ging locker, denn Kamera-Erfahrung hatte ich ja schon reichlich sammeln können.

Daheim in Düsseldorf hatte mancher seine Probleme mit dem Dr. honoris causa, obgleich ich mich damit nicht schmückte. Dennoch zeigte mich jemand an. Es gab eine Riesenschlagzeile im *Expreß*: »Staatsanwalt jagt Dr. Lemmer.« Mich ärgerte das sehr, weil ich den Ehrendoktortitel nie getragen hatte. Daran hat sich bis heute nichts geändert, obwohl ich rechtlich den Dr. h.c. durchaus verwenden darf.

Daß man mich immer noch verfolgte, obwohl ich mich vor fast zwei Jahren weitgehend ins Privatleben zurückzog, fand ich erstaunlich. Ich dachte, es wäre längst Gras über manches gewachsen, was ich im Rathaus angestellt hatte. Diese fortgesetzte gesellschaftliche Ächtung erzeugte bei mir gleichermaßen Trotz und Wut.

Hatte ich seinerzeit mich nicht im Rathaus mit der Bemerkung verabschiedet, ich käme wieder?

Ich fand, daß es an der Zeit sei, dieses Versprechen einzulösen. Mein politisches »Rentnerdasein« dauerte schon zu lange. Aber wie sollte ich das anstellen? Ohne Hinterland würde ich die Idee nicht erfolgreich in die Tat umsetzen können. Das einzige, was ich hatte und auf das ich zurückgreifen konnte, waren die mir bekannten Strukturen. Mit Skins und Hooligans und deren primitiven Späßen hatte ich wenig am Hut, manche rechtsradikalen Spinner hatte ich überbekommen – aber ohne sie hätte ich keine Chance. Ich brauchte sie.

Mit Jan Zobel, meinem aus Südafrika stammenden Geschäftsführer, verband mich inzwischen eine ernsthafte Freundschaft, wir waren uns menschlich nahegekommen. Auch politisch standen wir im selben Lager. Wir wollten »etwas bewegen«, wenn auch die Vorstellungen diffus waren. Wir sprachen lange miteinander. Zunächst wollten wir erst einmal die Lage peilen.

Und das hieß: dafür sorgen, daß man uns wieder zur Kenntnis nahm.

6. KAPITEL

Meine Freundin Sandra war von dem Gedanken, daß ich auf die politische Bühne zurückkehren wollte, gar nicht begeistert. Sie wollte endlich ihre Ruhe haben und eine Familie gründen. Soweit war ich allerdings noch nicht. Ich hingegen wollte es noch einmal wissen. Mein Freund Jan bestärkte mich in der Überlegung. Er bedrängte mich, im Herbst 1999 bei den Kommunalwahlen anzutreten. Das hielt ich für völlig überstürzt.

Mit den Überschüssen meiner Zeitschriften- und Musikverlage hatte ich mir ein zweites wirtschaftliches Standbein aufgebaut. Ich hatte mehrere Sonnenstudios in Düsseldorf gekauft. Das Metier lag mir, denn seit meinem 16. Lebensjahr legte ich mich gern auf die Sonnenbank. Die Sonnenstudios erinnerten mich immer an Urlaub. Und das Beste: Man konnte Geld verdienen, ohne selbst viel dafür arbeiten zu müssen.

Ich konnte mir den Werbespruch »Braune haben bessere Laune« nicht verkneifen. Er hatte Erfolg.

Auch in dieser Branche stieg ich schnell auf und wurde bald Vorsitzender der Arbeitsgemeinschaft der Sonnenstudio-Betreiber im Bund der Selbstständigen.

Ich kandidierte als Kleinunternehmer für die Vollversammlung der Industrie- und Handelskammer. Der Wahlleiter hatte keine Ahnung, wer ich war, und stellte mir auf meine Bitte die Adressenliste aller Wahlberechtigten zur Verfügung – was ihm später einen dicken Rüffel einbringen sollte. Ich verschickte einen Flyer, auf dem ich die Rücknahme der Streichung der 630-Mark-Jobs forderte. Außerdem verlangte ich eine Stärkung der deutschen Kleinunternehmer gegen die ausländische Konkurrenz.

Mein Wahlkampf war insofern erfolglos, als mir am Ende ein paar Stimmen zum Einzug in die IHK-Vollversammlung fehlten. Die Niederlage schmerzte, und ich beschloß, mir dafür ein anderes Vergnügen zu gönnen.

Nach sieben Jahren Abstinenz besuchte ich eine Ratssitzung. Mit Jan nahm ich auf der Zuschauerempore im Plenarsaal Platz.

Was dann folgte, überraschte sogar mich.

Ratsherr Frank Laubenburg (PDS) lief aufgeregt zum Oberbürgermeister Joachim Erwin (CDU). Er wollte feststellen lassen, ob mein Rathausverbot noch gelte. Der OB schaltete sofort die Mitarbeiter seines Büros ein. Noch während der Sitzung teilte er mit, daß das Verbot von 1994 abgelaufen sei.

Na bitte. Man mußte sich also nur gedulden. Ich hatte ja auch nichts Unrechtes getant und wie ein braver Bürger meinen Volksvertretern zugehört. Na gut, fast nichts.

Der einzige Rechte, der noch im Rat saß, war der *Republikaner* Jürgen Krüger. Bei der *Freien Wählergemeinschaft* war er mein Assistent gewesen. Nun saß er allein auf weiter Flur und konnte, wie ich fand, gelegentlich Hilfe gebrauchen. Die gab ich ihm als Kurzmitteilung über Handy.

Als andere Kommunalpolitiker dahinterkamen, wurde ein Handyverbot fürs Rathaus erlassen.

Ich war erstaunt, welche Medienresonanz meine bloße Anwesenheit im Ratssaal hatte. Die Zeitungen schrieben eifrig, druckten Fotos von den »Rechtsradikalen im Rathaus« und trugen so dazu bei, daß ich im politischen Leben auch ohne Mandat wieder präsent war.

Ich besuchte zum Schrecken seiner Mitglieder öffentliche Sitzungen des Ausländerbeirates.

Eifrig sammelte ich die Zeitungsausschnitte.

Offenbar war den Redakteuren, die sich die Finger wundschrieben, gar nicht bewußt, daß sie mir »ins Blatt spielten«, wie man unter Skatfreunden sagt.

Ich setzte meine Besuche der Ratssitzungen fort und

brachte Freunde mit – Skinheads in Bomberjacken und mit Stahlkappenstiefeln, die auf den Zuhörerbänken Platz nahmen. Ich achtete darauf, daß sich alle ordentlich benahmen. Viele Bürger waren dennoch entsetzt. Es war ein Spaß zu erleben, wieviel Aufregung allein bloße Präsenz erzeugte.

Am 17. Juli 2000 schaltete ich zufällig am Nachmittag den Fernseher an. Ich sah Bilder von Polizisten und rotweiße Absperrbändern. Die Gebäude kannte ich – zum Beispiel den S-Bahnhof am Wehrhahn. Dort war eine Bombe explodiert. Zehn russische Aussiedler, überwiegend Juden, die einen Sprachkurs besucht hatten, waren zum Teil lebensgefährlich verletzt worden. Eine schwangere Frau aus der Ukraine verlor ihr Baby und ein Bein.

Natürlich vermutete man sofort einen rechtsextremistischen Hintergrund. Doch es gab kein Bekennerschreiben. Ohne Bekennerschreiben macht ein politischer Anschlag keinen Sinn. Später vermuteten die Fahnder, daß die russische Mafia hinter dem Verbrechen steckte. Die Täter, ich greife vor, wurden bis heute nicht gefaßt.

Aber angesichts der Opfer kamen nur Rechtsextremisten als Täter infrage. Die Reflexe der Öffentlichkeit funktionierten. Es gab sofort spontane Demonstrationen, die ersten Lichterketten setzten sich in Bewegung.

Auch ein Hauptverdächtiger war bald ausgemacht: Ralf S., Betreiber eines Militaria-Ladens unweit des S-Bahnhofs, in dem auch Rechtsrock-Platten verkauft wurden. Kaum war er von der Polizei vernommen worden, wurde sein Konterfei als das des vermutlichen Bombenlegers auf der Titelseite einer Boulevard-Zeitung veröffentlicht.

Ich kannte Ralf S. noch aus meiner Zeit als Rockabilly. Obwohl ich ihn vierzehn Jahre nicht gesehen hatte, war ich ziemlich sicher, daß er mit dem Anschlag nichts zu tun hatte. Auch der Staatsschutz schien nicht davon überzeugt, daß Rechte hinter dem Anschlag steckten. Ralf S. wurde von der Polizei wieder auf freien Fuß gesetzt.

Der Anschlag veränderte dennoch die Stimmung in der Stadt. Vor allem weil Düsseldorf plötzlich als eine Hochburg der Rechtsradikalen galt. Das empörte viele Bürger, besonders die Lokalpolitiker.

Während die Linken sich auf der Straße austobten, wollten auch die Konservativen da nicht zurückstehen. Die Arbeitsgemeinschaft der Heimatvereine erklärte, ein bürgerliches Bollwerk gegen den rechten Terror aufbauen zu wollen. Als richtiger Mann für diesen Job empfand sich Karl-Heinz Theisen, Vorsitzender der Heinrich-Heine-Gesellschaft, der immer gern dort erschien, wo Kameras warteten.

Dem Geist des Vereins entsprechend sollte ein würdiger Rahmen für die Gründungsveranstaltung gefunden werden. Das Stadtmuseum schien gut genug.

Es gibt Feierstunden, die darf ich einfach nicht verpassen.

Mit Jan suchte ich das Stadtmuseum auf. Karl-Heinz Theisen kannte mich noch aus meiner Zeit bei der *Freien Wählergemeinschaft.* Er war damals im Rathaus angestellt und half uns bei der Suche nach geeigneten Fraktionsräumen.

»Was macht Ihr denn hier?«, begrüßte er uns freundlich und ahnte offenbar noch nicht, daß damit das Schicksal des lauteren Vereins der Aufrechten schon fast besiegelt war. Das dämmerte ihm möglicherweise, als wenig später OB Joachim Erwin (CDU) seine Rede hielt. Er änderte spontan seinen Text, als er mich wahrnahm, und machte klar, daß ein Torsten Lemmer bei der Gründung eines solchen Vereins nichts zu suchen habe. Nach seinem Beitrag verließ er demonstrativ den Saal.

Die letzte Chance, die Katastrophe zu vermeiden, hätte darin bestanden, Jan und mich schnellstens nach draußen zu befördern.

Nichts dergleichen geschah. Stattdessen lud man uns zu Sekt und Häppchen ein, um die Gründung bei einer gemütlichen Plauderstunde zu feiern. Das Angebot nahmen wir gern an und führten manch nettes Gespräch.

»Möchtet ihr mitmachen? Wir brauchen ja auch junge Leute, die sich engagieren«, fragte uns einer der Heimatfreunde.

Jan und ich machten nicht mit. Das ging auch gar nicht, denn die Gründungsversammlung war auch gleichzeitig das Ende des Vereins. Daß stadtbekannte Rechtsradikale mit Sekt und Häppchen gefüttert wurden, sorgte für einen Skandal in den Zeitungen. Der verdarb den Heimatvereinen die Lust an weiteren Aktivitäten. Der Verein war tot.

Für mich war das ein Triumph. Nichts konnte ich weniger gebrauchen, als eine bürgerliche Bewegung gegen Rechts. Im bürgerlichen Lager waren die Wähler, die mich bei der nächsten Kommunalwahl ins Rathaus bringen sollten. Die mußten wir auf unsere Seite bringen und konnten sie nicht anderen Parteien überlassen. Eine Stimmungsmache gegen Rechts war dort kontraproduktiv.

Abends organisierten wir in einem Garten unsere eigene Feierstunde. Man empfing mich dort wie einen kleinen König. Ich hatte getan, was meine Jungs von einem politischen Führer erwarteten – mich gegen Gegner erfolgreich durchgesetzt. Und das eindrucksvoll.

Die Stimmung war so ausgelassen, daß man uns beiden Spitznamen verpaßte: Lemmerix und Zobelix.

Der schreckliche Bombenanschlag am S-Bahnhof war noch nicht vergessen, da erschütterte ein weiteres Ereignis die Stadt. Auf die Synagoge an der Zietenstraße wurde ein Brandanschlag verübt. Wie sich später herausstellte, hatte ein junger Araber eine Art Molotow-Cocktail gegen die Wand geworfen, was einen großen schwarzen Fleck hinterließ. Ein dilettantischer Anschlag, dessen politische Wirkung allerdings noch viel fataler sein sollte als das Ereignis im Juli.

Weltweit machte Düsseldorf Schlagzeilen, die Außenwirkung war verheerend – für die Stadt wie für das Land.

Bundeskanzler Gerhard Schröder besichtigte zusammen mit dem Vorsitzenden der Zentralrates der Juden, Paul Spiegel, den Tatort.

Jan und ich meinten, daß wir das auch tun sollten. Wir kauften einen Strauß Blumen und gingen zur Synagoge. Die war weiträumig abgesperrt, die Polizei hatte mehrere Kontrollstellen eingerichtet. An der ersten kamen wir vorbei, auch an der zweiten.

Zunächst jedenfalls, denn plötzlich liefen uns einige Herren in dunklen Anzügen hinterher. Beamte vom Staatsschutz hatten uns erkannt. Nach ein paar Sekunden waren wir von großgewachsenen Polizisten eingekreist, darunter waren auch die harten Jungs vom Sondereinsatzkommando.

»Sie gehen jetzt besser, Herr Lemmer«, sagt ein Herr in Zivil, den ich bei einer der zahlreichen Hausdurchsuchungen in unserem Musikverlag glaubte gesehen zu haben.

Ich tat das, was mir am wenigsten gefällt: Ich trat den Rückzug an. Die Blumen legten Jan und ich an einem Kriegerdenkmal ab.

Ich weiß nicht, was die meisten stärker aufwühlte: wirkliche Betroffenheit oder die Sorge um den Ruf ihrer Heimatstadt. Innerhalb kürzester Zeit jedenfalls formierte sich eine breite Bewegung aus Parteien, Gewerkschaften, Kirchen und verschiedenen Gruppen und Vereinen. Man traf sich zu Demonstrationen, Lichterketten und zu Podiumsdiskussionen. Es wurde heftig debattiert, obwohl man doch keine Ahnung hatte, wer den Brandsatz auf die Synagoge geworfen hatte.

Mein Pech: Eines meiner Sonnenstudios lag nur rund einen Kilometer vom jüdischen Gotteshaus entfernt. Das hatte die Antifa herausbekommen. An einem Abend tauchte folgerichtig ein Demonstrationszug mit rund 1.000 Menschen davor auf. Die Stimmung war aufgeheizt, ein riesiges Polizeiaufgebot verhinderte, daß etwas passierte. Von jenem Tag an war mein Sonnenstudio das Lieblingsziel der Linken. Ich kann mich nicht mehr daran erinnern, wie oft ich nachts den Glaser rufen mußte, weil wieder Scheiben eingeworfen worden waren. Der Mann hat wahrscheinlich das Geschäft seines Lebens gemacht. Als die Polizei den Täter des Synagogenanschlags gefunden hatte, ging zwangsläufig der Umsatz des Glasers zurück.

Ich hatte überhaupt keine Lust, mich von den Linken in die Knie zwingen zu lassen. Wohl wissend, daß ich durch die aktuelle Entwicklung noch mehr zur Reizfigur geworden war, setzte ich meine Besuche im Rathaus fort.

Es nahte der 3. Oktober 2000, der zehnte Jahrestag der Deutschen Einheit. Der sollte trotz der beiden Anschläge würdig begangen werden, als Festredner war der ungarische Ministerpräsident eingeladen und Delegationen aus zahlreichen Düsseldorfer Partnerstädten, auch aus Chemnitz, dem früheren Karl-Marx-Stadt, kamen an den Rhein.

In der weltoffenen Stadt sollten neben den Honoratioren auch Bürger mitfeiern. Die Einladungskarten lagen beim Rathauspförtner. Da ich immer noch über Informanten im Rathaus verfügte, wurde mir mitgeteilt, daß dort angeblich auch ein Foto von mir lag. Mich wollte man auf keinen Fall bei der Feierstunde sehen.

Wir schickten eine seriös aussehende junge Dame, um Karten für ihre Kommilitonen abzuholen. Sie erhielt anstandslos die 20 erbetenen Karten. Groß war die Überraschung, als die »Studenten« zur Feierstunde antraten. Sie trugen Bomberjacken und schwarze Lederstiefel. Aber da alle Eintrittskarten vorwiesen, ließ man uns hinein.

Lächelnd zog ich an Joachim Erwin vorbei: Der Blick war eine Mischung aus Schock, Angst und Ratlosigkeit.

Wir nahmen auf der Empore Platz, der Festakt begann mit klassischer Musik. Solche Töne waren meine Jungs nicht gewohnt. Sie fingen bald an, sich zu langweilen und vertrieben sich die Zeit damit, andere Festgäste in den Nacken zu zwicken. Die hielten aber still, um den großen Moment nicht zu stören. Bei der Nationalhymne blühten meine Begleiter auf, sie sangen kräftig mit.

Leider kannten sie nur die erste Strophe, was für Irritationen im Saal sorgte. Erleichterung kam dort erst auf, als ich das Zeichen zum Aufbruch gab.

Unten wartete das Buffet. Wir waren nicht die einzigen, die der lange Festakt hungrig gemacht hatte. Gleich nach uns verließ auch die Delegation aus Chemnitz den Ratssaal. Das Buffet war noch nicht eröffnet, man wartete auf den Oberbürgermeister, der die entscheidenden Worte sprechen sollte. Doch er kam und kam nicht. Deshalb erklärte ich in die Runde: »Sie haben doch bestimmt alle Hunger? Dann wollen wir jetzt mal anfangen.«

Die Gäste griffen eifrig zu.

Wir setzten uns auf die großen Stühle, die eigentlich für die Stadtspitze vorgesehen waren. Mit der Delegation aus Chemnitz führte ich nette Gespräche. Dort stieß ich auf breite Zustimmung, als ich erklärte, daß es an der Zeit sei, einen neuen Zugang zur deutschen Geschichte zu finden.

Als ich merkte, daß die Mehrzahl meiner »Studenten« gesättigt war, blies ich zum Abmarsch. OB Joachim Erwin, den man offenbar gewarnt hatte, stand draußen an einem Biertisch. Wir drehten mit der gesamten Gruppe eine Runde um den Tisch, bevor wir im Gänsemarsch nach draußen gingen.

Die Zeitungen berichteten von einer desaströsen Veranstaltung. Es herrschte allgemeines Unverständnis, wie es möglich gewesen war, daß Rechtsradikale am Tag der Deutschen Einheit in solcher Weise hatten stören können. Hatten wir das?

Die Folgen bekam ich bald zu spüren. Als ich zwei Monate später wieder einmal zur Ratssitzung erschien, ging ein Blitzlichtgewitter auf mich nieder. Nicht nur die Düsseldorfer Blätter waren da, auch Rundfunk- und Fernsehteams schienen sich für das Geschehen im Rathaus zu interessieren.

Mir fiel ein junger Mann auf, der mich fast pausenlos fotografierte und angeblich vom »Spiegel« war. Ich hatte allerdings den Verdacht, daß es sich um einen Mitarbeiter der Antifa handelte.

»Gib mir sofort den Film«, forderte ich ihn auf. Er weigerte sich, ich würde wütend: »Hier drin kann ich nichts machen, aber draußen hole ich mir den Film.«

Das hörte ein Rathausmitarbeiter und informierte sofort den Oberbürgermeister, der nun endlich einen Grund hatte, mich vor die Tür setzen zu lassen: Ich hatte ja angeblich einen Besucher der Ratssitzung bedroht.

Die Angelegenheit wurde vom Rechtsamt geprüft.

Die Folge: mein zweites Rathausverbot.

Ich hatte damit meine Bühne verloren, die mich zurück in die Kommunalpolitik bringen sollte. Nach dem Presserecht hat jeder das Recht am eigenen Bild, darum war mein Ärger durchaus berechtigt.

Jan und ich hielten Kriegsrat, wir brauchten ein neues Konzept.

Das Feindbild war klar – der Oberbürgermeister.

Mit politischen Argumenten war da wenig zu machen. Im Verhältnis zu anderen Städten stand Düsseldorf finanziell glänzend da. Es gab keine gravierenden Kürzungen, weder im sozialen Bereich noch bei der Kultur.

Nach langem Nachdenken entschlossen wir uns zur »Umarmungstaktik«. Denn nichts ist schädlicher als das Lob von Rechtsradikalen.

Zuerst sprang der *Spiegel* an. Offenbar haben die Redakteure dort genauso viele Vorurteile wie andere Menschen auch. Ein Vorurteil lautet, daß CDU-Bürgermeister immer mit Positionen liebäugeln, die ein Stück weiter rechts sind als erlaubt. Das Hamburger Nachrichtenmagazin brachte eine Geschichte über das »braune Rathaus« in Düsseldorf, die vor dem Hintergrund der beiden Anschläge ins Bild paßte.

Die Chefetage im Rathaus tobte.

Gerade nach den beiden Anschlägen konnte man diese Art von Öffentlichkeitsarbeit am wenigsten gebrauchen.

Wir machten uns einen Spaß daraus, unsere »Zielperson« vorzuführen. In der Lokalpresse las ich, daß Joachim Erwin in einem Bauhaus für einen guten Zweck Christstollen verkaufen würde. Das erschien mir als eine gute Gelegenheit, mich ihm wieder einmal zu zeigen. Als mich der OB in der Warteschlange sah, legte er sein Stück Kuchen aus der Hand, drehte sich weg und drückte die Nase an einer Glasscheibe platt, bis wir endlich wieder weg waren.

Ich glaube, wenn er mich damals gefragt hätte, was der Unsinn eigentlich soll, wären viele Dinge nicht passiert. Im nachhinein tut mir manches leid. Stattdessen setzte ich die Fehde fort.

Die nächste Gelegenheit bot sich wenig später in der »fünften Jahreszeit«, wie man den Karneval in Düsseldorf nennt. Die Sache ließ ich mir etwas kosten und produzierte eine CD. »Erwin – Du und ich für immer« hieß das Werk und war eine Lobeshymne auf den OB. Auf der Melodie von »Mandy« textete ich die herzzerreißende Zeile »Oh Erwin, du hast ohne zu nehmen gegeben«.

Meine Stimme ist nicht schön, aber durchdringend, im Karneval braucht man auch keinen Pavarotti. Das Sahnehäubchen war das Booklet, auf dem stand »Copyright: Werbeamt der Landeshauptstadt Düsseldorf«.

Ich hatte mir für das Cover ein Foto mit einer Stadtansicht aus dem Internet heruntergeladen. Da hielt ich es für fair, die Quelle zu nennen. Daß dadurch der Eindruck entstand, es handele sich um ein offizielles städtisches Werbeprodukt, vermochte ich nicht zu verhindern. Alle großen Gaststätten und auch die Freunde in den Partnerstädten wurden mit der CD versorgt. Bei vielen Schunkelabenden in den Kneipen wurden die Lieder auch gespielt.

Nach Aschermittwoch hatte Jan eine neue Idee, wie wir weiter für politische Verwirrung sorgen konnten. Einer der Erzfeinde des Oberbürgermeisters ist Manes Meckenstock, ein Düsseldorfer Kabarettist, der vor allem aus der WDR-

Sonntagabendshow »Zimmer frei« und anderen Fernsehauftritten bundesweit bekannt ist.

Wir wußten, daß er in seinem aktuellen Programm einen Passage hatte, in der er Joachim Erwin in die rechtsradikale Ecke rückte. Wir besorgten uns Karten für eine Veranstaltung in der Freizeitstätte Garath, einem Vorort im Düsseldorfer Süden, in dem es eine starke rechte Szene gibt. Als Meckenstock das Hitler-Bärtchen aufsetzte, war die Empörung groß. »Aufhören«, schrien einige.

Obwohl ich mich wohlweislich zurückhielt, war ich bald als der eigentliche Unruhestifter ausgemacht. Die Veranstaltung wurde unterbrochen, draußen fuhren Polizisten in Mannschaftsstärke vor und nahmen unsere Personalien auf. Ich war schnell fertig, meine kannten sie bereits. Unser »Freundschaftsdienst« für Joachim Erwin brachte allen Beteiligten eine Anzeige wegen Hausfriedensbruchs. Das Verfahren ist leider noch nicht beendet.

Daß uns der Abstecher ins Kabarett noch so lange beschäftigen sollte, ahnte ich damals nicht. Darum setzten wir unsere Aktionen auf dem »Felde der Kunst« fort. Auch die Mitarbeiter des Düsseldorfers Schauspielhauses hatten beschlossen, ein Zeichen zu setzen. Es wurde zu einer festlichen Inszenierung von »Professor Bernardi« eingeladen. An der Spitze der Ehrengäste rangierte Paul Spiegel.

Ich kaufte zwölf Karten. Für den Abend suchte ich mir besonders großgewachsene Begleiter aus, denn ich wußte, daß aufgrund der Anwesenheit von Paul Spiegel bei der Polizei »Sicherheitsstufe 1« gilt. Ich war darum fast überrascht, daß wir durch die Eingangskontrolle kamen. Die Karten wurden abgerissen, alle zwölf standen im Foyer. Plötzlich merkte ich, daß Unruhe aufkam. Irgend jemand hatte mich erkannt, in die Security kam Bewegung. Meine Begleiter versuchten, mich so gut es ging abzuschirmen. Ich sah, wie einer nach dem anderen von ihnen aus dem Verkehr gezogen wurde.

Aber diesmal wollte ich nicht wie beim Kanzler-Besuch

an der Synagoge einfach den Rückzug antreten. Ich ging zügig in den ersten Stock und versuchte, in der Menge unterzutauchen.

Zum Schluß war nur noch Marco hinter mir, ein 1,90 Meter großer Hüne. Als auch der festgehalten wurde, lief ich so schnell ich konnte. Da war ein langer Gang, der auf die andere Seite des Schauspielhauses führte. Von allen Seiten kamen Leute auf mich zugerannt. Plötzlich sah ich eine Tür, es war der einzige Ausweg.

Ich rannte hinein und stockte: Vor mir stand Paul Spiegel.

Wir sahen uns in die Augen. Der Vorsitzende des Zentralrates der Deutschen Juden erkannte mich.

Ich wußte sofort, daß diese Begegnung für alle Sicherheitskräfte so etwas wie der Supergau war.

Sekunden später drängten mich die Bodyguards von Paul Spiegel weg. Der VIP-Raum hatte keinen zweiten Ausgang. Es ging nur durch die Tür wieder heraus, durch die ich hereingekommen war. Also hieß es: Fersengeld geben. Die wilde Verfolgungsjagd endete in einem dunklen Nebengang. Ein Beamter drehte mir den Arm auf den Rücken. Mein Herz klopfte, ich hatte Angst: »Hier ist es dunkel. Schlagt mich doch tot.«

Einer zischte: »Halt die Schnauze.« Auf einen rechten Märtyrer hatten sie ganz offensichtlich keine Lust.

Unsanft, aber im Rahmen dessen, was das Gesetz erlaubte, wurde ich zum Ausgang und dann nach draußen befördert. Dort warteten schon die anderen und begrüßten mich lautstark. Ich war zufrieden, denn ich hatte es wieder am längsten von allen ausgehalten.

Wir wollten gerade gehen, als ein dicker Mann über den Platz vor dem Schauspielhaus lief. Er war offenbar zu spät und pustete seine Backen auf, denn schnelles Gehen fiel ihm sichtlich schwer. Das Gesicht kam mit bekannt vor, es war offenbar ein Schauspieler.

Übermütig ging ich auf ihn zu, schüttelte seine Hand.

Der Mann war Peter Kern, Regisseur und Burgschauspieler in Wien. Er ahnte zunächst nicht, wem er da freundlich die Hand reichte. Offenbar wußte aber einer seiner Begleiter, wer ich war.

Da zog Peter Kern seine Hand zurück und schaute mich empört an. »Pfui Spinne, ich habe einem Nazi die Hand gegeben«, rief der dicke Mann und schüttelte seinen wuchtigen Körper. »Ich wünschte, daß mir die Hand abfiele«, rief er theatralisch.

Dann drehte er sich um und verschwand im Schauspielhaus.

Ich wußte nicht, daß dies der Anfang meines Ausstiegs sein würde.

7. KAPITEL

Es war gegen 22 Uhr. Ich lag in der Badewanne, als das Telefon klingelte. Eine Freundin, die zu Besuch war, brachte mir den Hörer ins Badezimmer. Am anderen Ende war Jan.

»Torsten, du glaubst nicht, was passiert ist. Peter Kern hat angerufen. Na ja, jedenfalls jemand, der behauptet, Peter Kern zu sein.«

Das ist bestimmt ein Trick, war mein erster Gedanke. Der Mann hatte sich doch damals so vor mir geekelt.

Kern habe über das Info-Telefon unserer Internetzeitung »Düsseldraht« Kontakt aufgenommen, erzählte Jan.

Wir überlegten, ob wir überhaupt reagieren sollten, weil wir keine Lust hatten, womöglich auf einen Trick der Antifa hereinzufallen.

»Aber zurückrufen kann man ja mal. Natürlich möchte ich wissen, was dahintersteckt.« Ich wählte die hinterlassene Nummer.

»Hallo, hier ist Peter Kern«, meldete sich eine weiche Stimme, »ich möchte mich erst einmal für den Vorfall am Schauspielhaus entschuldigen. Ich kenne Sie ja gar nicht. Darum ist es eine Unverschämtheit gewesen, wie ich mich Ihnen gegenüber verhalten habe.« Er sei Schauspieler und wolle unbedingt mit uns reden.

Ich war ziemlich perplex über soviel Freundlichkeit. Das war einer der wenigen Momente, in denen ich nicht wußte, was ich sagen sollte. Ich akzeptierte die Entschuldigung.

Kern erzählte, das er gerade mit Christoph Schlingensief zusammensitze und ein gemeinsames Projekt plane. »Wir suchen Nazis, die im Rahmen einer Theateraufführung aussteigen wollen. Das ist eine einmalige Chance für jeden, der es ernst meint.«

Danach gab er mir noch die Internet-Adresse »naziline.com«, wo ich alles weitere über das Projekt erfahren könne. Anschließend solle ich mich wieder melden.

Jan und ich hielten das Ganze zunächst für eine skurrile Idee und lachten. Dann holten wir uns »naziline.com« trotzdem auf den Bildschirm. Offenbar war die Sache ernst.

Christoph Schlingensief inszenierte Shakespeares »Hamlet« im Zürcher Schauspielhaus, die Premiere sollte am 10. Mai sein. Über das Internet wurden nun aussteigewillige Rechtsradikale gesucht, die sich melden sollten. Offenbar war die Resonanz alles andere als zufriedenstellend. Darum hatte sich Peter Kern wohl entschlossen, seinen Ekel zu überwinden und mich anzurufen.

Von Chistoph Schlingensief hatte ich schon gehört. Sein Projekt, mit »Asylanten« ein eigenes »Big Brother«-Haus zu bauen und sie nach und nach rauszuschmeißen, hatte auch unter Rechten für Aufsehen gesorgt. Außerdem hatte ich irgendwann mal beim Zappen in seine Talkshow geschaltet. Ich glaube, an dem Abend hat er gerade Ingrid Steeger ziemlich übel vorgeführt, der Frau standen die Tränen in den Augen. Das fand ich nicht sehr nett. Schlingensief war ein Provokateur wie ich. Und er war für Rechte eine Reizfigur der linken Kultur-Schickeria. Natürlich juckte es mich, mit dem großen Agitator die Klingen zu kreuzen.

»Jan, wir fahren da erst mal hin und hören uns das an. Danach können wir immer noch entscheiden, ob wir den Zirkus mitmachen.«

An Ausstieg dachten wir nicht – wohl aber an eine Möglichkeit, die Kultur-Schickeria in der internationalen Presse vorzuführen. Diese Gelegenheit wollten wir uns auf keinen Fall entgehen lassen.

Ich rief Peter Kern an. »Wir kommen nach Zürich.«

Am nächsten Tag schon saßen Jan und ich im »Schiffbau«, wie die Zürcher ihr neues Schauspielhaus nennen. Ich hatte zuvor genau zweimal in meinem Leben ein Theater besucht. An die Stücke konnte ich mich aber noch genau erinnern: »Klaus Klettermaus« und »Räuber Hotzenplotz«. Jan hatte mir da aufgrund seiner guten Allgemeinbildung einiges voraus. Er wußte sogar, worum es im »Hamlet« geht.

Ich war sehr gespannt auf den großen Christoph Schlingensief.

Im Gespräch zeigte sich der Provokateur eher schüchtern, er sprach leise und ernst. Während Peter Kern pausenlos mit seiner Kamera um uns herumrannte beziehungsweise von zwei Helfern rennen ließ, stellte mir der Theaterstar alle möglichen Fragen. Zum Beispiel wollte er wissen, wie ich zum Faschismus stehe.

»Mussolini war ein Faschist«, antwortete ich, »Adolf Hitler war allenfalls ein Zwergenfaschist."

Schlingensief machte mir und Jan deutlich, daß er mit Nazis arbeiten wolle, die es wirklich ernst mit dem Ausstieg meinten. Und daß Theaterarbeit harte Arbeit wäre.

Wie ich später erfuhr, hatte Schlingensief einkalkuliert, daß wir ihn an der Nase herumführten. Der künstlerische Leiter der Berliner Volksbühne, Carl Hegemann, der für das Projekt nach Zürich ausgeliehen war, verriet später in einem Interview, daß man mit »Hamlet« vor allem »Exit«, das Aussteigerprogramm der Bundesregierung, habe karikieren wollen. Dabei nahm man in Kauf, daß die Nazis anschließend in ihre gewohnte Umgebung zurückkehrten.

Jan und ich mochten Christoph Schlingensief. Und auch Peter Kern war viel freundlicher als bei unserer ersten Begegnung. Ich glaube, ihm war es ein persönliches Anliegen, rechte junge Menschen zu bekehren. Daß er bald so etwas wie ein väterlicher Freund für mich werden sollte, ahnte ich nach dieser Begegnung nicht.

»Was hältst du davon?« fragte mich Jan, als wir das Schauspielhaus verließen. Ich zuckte mit den Schultern. »In jedem Fall wird es lustig. Ganz egal, was am Ende dabei herauskommt.«

Die Zeit drängte, denn in etwa zwei Monaten sollte die Premiere sein. Einige Tage später kehrten wir nach Zürich zurück, um unsere »Nazi-Kollegen« kennenzulernen, die von einer Casting-Agentur ausgegraben worden waren. Das Ergebnis war unglaublich. Da saß einer, der aussah wie Ted Herold in seinen besten Jahren und behauptete, irgendwann einmal DVU-Aufkleber verteilt zu haben.

Ein Mädchen outete sich als glühende Schlingensief-Verehrerin und mußte zugeben, daß sie mit rechtem Gedankengut noch nie etwas zu tun hatte. Und dann war da noch ein »Freizeit-Nazi« mit einer silbernen Bomberjacke und West-Schnürriemen.

Der einzige, mit dem man bei einem Aussteigerprojekt wirklich etwas anfangen konnte, war Martin Kohlmann, ein *Republikaner*-Ratsherr aus Chemnitz, den ich selbst angesprochen hatte. Er sollte uns später mit seinen Wahlprogrammen auf die Nerven gehen, die er fast täglich bei jeder sich bietenden Gelegenheit aus der Tasche zog und vorlas.

Ich nahm Christoph Schlingensief nach dem ersten Treffen zur Seite: »Die kannst du nach Hause schicken. Das sind keine Nazis, die können auch nirgendwo aussteigen.«

Der »Chef« hatte das erste Gespräch verfolgt: »Du hast recht. Wenn du willst, mach' du das und such' andere Leute.« Darauf hatte ich natürlich nur gewartet. Denn so konnte ich mir Gleichgesinnte suchen, die bereit waren, bei der Premiere für den großen Knall zu sorgen. Wir wollten die Bühne nutzen, um allen zu sagen, daß wir die linke Kultur-Schickeria zum Teufel wünschen und Rechte bleiben wollen.

Ich mußte nicht lange suchen. Jürgen Drenhaus, Sänger der ältesten deutschen Skinhead-Rockband *Bodycheck*, sagte zu. Aus Dorsten kam Melanie Dittmer, eine dralle Blondine, die im Vorstand der Jungen Nationaldemokraten in NRW gesessen hatte und den rechten »Hagerland«-Musikverlag besaß, mit dem ich gelegentlich Geschäfte machte. Sie reizte wohl vor allem die Idee, auf einer Theaterbühne zu stehen. Komplettiert wurde die Truppe durch Tim Holzschneider, der damals 18 Jahre alt und Teilnehmer des rechten Jugend-Oppositions-Stammtisches war, den Jan in Düsseldorf gegründet hatte.

Christoph Schlingensief ließ sich alle von mir vorstellen und war mit der Auswahl zufrieden. Die Proben konnten beginnen. Bevor der erste Satz gesprochen war, sorgte das Projekt bereits für Schlagzeilen. Die »Skandal-Aufführung« war offenbar ein gefundenes Fressen für alle, die den Schauspielhaus-Intendanten Christoph Marthaler ohnehin im Visier hatten. Denn das Theater steckte in erheblichen finanziellen Schwierigkeiten – da kam das Engagement deutscher Neonazis gerade recht. Vor alle die rechtsstehende Schweizer Volkspartei mit der Reizfigur Christoph Blocher, der es heute sogar zu einem Ministerposten in der Schweizer Bundesregierung gebracht hat, wetzte die Messer und wollte dem Schauspielhaus die Zuschüsse streichen. Darum war auch vorn vornherein klar, daß die Karriere als Schauspieler mich nicht reich machen würde.

Wir bekamen Kost und Logis, es gab eine Tagespauschale und für jede der 17 zunächst geplanten Aufführungen eine Gage von 200 Mark. Jan und ich wurden im Novotel einquartiert, das nicht weit vom Schauspielhaus war. Die anderen »Nazis« – so hießen wir auch noch während der gesamten Spielzeit – brachte man aus Kostengründen privat unter.

Die erste Begegnung mit den Schauspielern war gespenstisch. Weder Sebastian Rudolph noch Irm Herrmann oder Bibiana Beglau hatten »richtige« Rechtsradikale schon einmal aus der Nähe gesehen. In den ersten Minuten schauten wir uns an, ohne viel zu sprechen. Christoph Schlingensief und Peter Kern gaben sich Mühe, die Atmosphäre aufzulockern und machten ein paar witzige Bemerkungen. Das löste bei den meisten den Knoten im Hals, und es entwickelten sich erste Gespräche. Doch schon am ersten Tag stellten die Schauspieler die Frage: »Meint ihr das wirklich ernst?«

Alle nickten. Der Herr der Inszenierung beendete das Kennenlernen mit dem Hinweis, daß man mit der Arbeit beginnen müsse. »Wir haben nicht mehr viel Zeit.«

Bald wurde klar, daß unser »Hamlet« erheblich von Shakespeare abwich. Wir »Nazis« sollten als Schauspielertruppe auf die Bühne kommen, in dunklen Ledermänteln, mit Peitschen und Baseballschlägern in der Hand. Während der Giftmord an König Claudius gespielt wurde, sollten wir grölend durch das Publikum laufen. Außerdem sollten Drenhaus und der Rest der Begleitung seine Punk-Version des Deutschland-Liedes singen.

Die Schauspieler hatten die Aufgabe, uns Laiendarstellern in kürzester Zeit das Sprechen beizubringen. Obwohl ich schon unzählige Male Interviews gegeben und vor Kameras gestanden hatte, merkte ich bald, daß die Schauspielerei ein hartes Brot war. Auch unter meinen Kollegen war kein Meister. Wir trieben die Schauspieler, vor allem Sebastian Rudolph und Bibiana Beglau, fast zum Wahnsinn. Die Atmosphäre lud sich auf.

Zum politischen Druck rund um die Inszenierung, der täglich stärker wurde, kam der Zeitdruck.

Christoph Schlingensief hat immer versucht, eine Bücke zwischen uns und den Schauspielern zu schlagen. Er nahm uns oft in Schutz, wenn die Schauspieler mit den Augen rollten, weil wir Sätze nicht richtig sprachen. »Das ist doch viel ehrlicher«, meinte er.

Während sich die Schauspieler mit uns redlich Mühe gaben, stellte sich der Requisiteur des Schauspielhauses, ein lustiges Männchen mit vielen Piercings im Antifa-T-Shirt, quer. Er weigerte sich, uns die Sachen herauszugeben: »Ich bin für die Schauspieler verantwortlich. Das steht in meinem Arbeitsvertrag. Mehr nicht.«

Wir mußten uns die Mäntel selbst holen.

Nach einer Woche stand der erste »Schauspieleinsatz« an. Auf dem Zürcher Bahnhof wurde unsere Ankunft inszeniert. Wir liefen auf einem Sackbahnsteig an einem Zug entlang, der schon angekommen war. Dann marschierten alle – ich natürlich vorneweg – den Bahnsteig hinauf. Christoph Schlingensief kam uns mit einem Heer von Presseleuten und einer Blaskapelle entgegen. Danach wurde zur Pressekonferenz gebeten, wo ich als Sprecher der »Nazis aus Deutschland« das Wort führte.

Das Presseecho war geteilt. Für manche Zeitungen war es wohl der Respekt vor Christoph Schlingensief, der zu einer wohlwollenden Beurteilung seines Projektes führte. Andere kannten kein Pardon. Daß deutsche Neonazis in Zürich auf einer Bühne stünden, hielten sie für inakzeptabel.

Die Zweifel verstummten nicht, daß es sich um echte Aussteiger handelte. Kritische Stimmen kamen vor allem aus meiner Heimatstadt Düsseldorf. Dort wollte man mir die Wandlung vom Saulus zum Paulus am wenigsten glauben.

Ich weiß bis heute nicht genau, was damals in Christoph Schlingensief vorging. Nach den Proben gingen wir oft abends essen. Er saß vor seinem Rotwein, ich vor meiner Apfelschorle. Christoph schaute mir in die Augen, wir waren wie zwei Tiere, die sich belauerten.

»Ich gehe mit dir ein ziemlich großes Risiko ein. Darum erwarte ich, daß ich dir vertrauen kann.«

Er wirkte unruhig und gereizt. Allerdings beeindruckte mich, daß er viel Privates von sich preisgab. Manchmal mußte ich schlucken.

Ich begann ernsthaft, über einen Kompromiß nachzudenken. Wie konnte ich mein ursprüngliches Ziel verwirklichen, ohne Christoph und Peter zu enttäuschen?

Beide hatten in der Zwischenzeit meine kulturellen Defizite bemerkt und versuchten, sie in einem Intensiv-Kurs zu beheben. Ich habe noch nie so viele Filme in derart kurzer Zeit gesehen. Christoph zeigte mir auch sein legendäres »Kettensägenmassaker«.

Peter Kern schloß mich inzwischen ins Herz. Während Christoph an meine Loyalität appellierte, stand für den kugelrunden Burgschauspieler diese offenbar außer Frage. »Das ist eine einmalige Chance für ihn, in ein normales Leben zurückzukehren. So eine Gelegenheit bekommt er nie wieder. Und das weiß er.«

Peter schaute mit mir viele seiner Filme an, um anschließend darüber zu diskutieren. »Du mußt wissen, um was es geht, wenn du auf einer Theaterbühne stehst.« Er erzählte mir, wie sich Schauspieler fühlten, wenn sie auf der Bühne stünden, und machte mir klar, daß Kunst mehr als ein Vergnügen sei. Es wäre ein Grundbedürfnis des Menschen. Er zeigte mir unter anderem »Knutschen, Kuscheln, Jubilieren«, einen Dokumentarfilm über das Düsseldorfer Schwulen-Lokal »Le Clou«. (Offenbar um meine Vorurteile gegenüber Homosexuellen abzubauen, nahm er mich später ein paar Mal dorthin mit. Es waren sogar nette Abende. Allerdings fiel mir auf, daß im »Le Clou« das gesamte »mittlere Alter« nicht vertreten war. Entweder waren die Gäste über 50 oder unter 25.)

Je näher die Premiere kam, desto größer wurde die Anspannung auch innerhalb der Aussteigergruppe. Während Melanie Dittmer sich mehr zu den Schauspielern hingezogen fühlte, verbrachten Jan und ich unsere Freizeit vor allem mit Peter Kern und Christoph Schlingensief. Fast jeder der »Nazis« hat in den letzten Wochen mal den Satz gesagt: »Ich schmeiß hin.« Gerade wenn es Streit gab, war der Impressario fasziniert. Das waren für ihn die »wirklich spannenden Momente« des Theaters. Ich fand manche Diskussion einfach zum Kotzen.

Dabei gab es natürlich auch Phasen, in denen Politik überhaupt keine Rolle spielte. Besonders wenn die Schauspieler mit uns arbeiteten, waren wir irgendwie auch Theaterleute. Die Spannung ergriff auch mich, man nennt sie wohl Lampenfieber.

Wenn nicht gerade Proben anstanden, gab es Aktionen. Unter dem Motto »Nazis zum Anfassen« diskutierten wir auf der Straße mit den Bürgern. Ich war überrascht, wie sehr sich die Zürcher für das interessierten, was in ihrem Schauspielhaus vorging. Davon konnten Intendanten in Deutschland nur träumen.

Da Zürich eine sehr übersichtliche Stadt ist und wir in den langen Ledermänteln kaum zu übersehen waren, kannte mich dort bald fast jeder. Die Diskussionen waren fast immer freundlich, wenngleich das »Naziprojekt« von manchen auch kritisch gesehen wurde. War das nun Kunst, Politik oder einfach ein PR-Gag für Christoph Schlingensief? Darf man Nazis auf die Bühne bringen und ihnen dort ein Forum geben? Wie weit darf Theater gehen? Und alle beschäftigte natürlich die Frage, die uns auch die Journalisten und unsere Schauspielkollegen gestellt hatten: »Was macht ihr nach dem ›Hamlet‹?«

Das war übrigens schon vor der Premiere ein Thema in der Gruppe. Denn einige hatten für »Hamlet« ihr normales Leben aufgegeben und machten sich Sorgen, wie sie in Zukunft ihren Kühlschrank füllen würden. Fern von aller Politik spielte auch der Neidfaktor eine immer größere Rolle. Die anderen wußten, daß Jan und ich »Sonderurlaub« von unserem Verlag genommen hatten und dorthin nach dem Skandal bei der Premiere auch zurückkehren wollten. Wir waren der festen Überzeugung, daß der »Hamlet« sofort abgesetzt werden würde, wenn die »Nazis« offenbarten, daß sie überhaupt keine Lust zum Aussteigen hatten. Vor allem Melanie Dittmer sparte nicht mit spitzen Bemerkungen: »Der Meister mit den Joop-Socken will ja in Düsseldorf Bürgermeister werden.«

Daß Jan und ich unsere alten Freundschaften in Zürich pflegten, sorgte für weitere Unruhe. Bei dem Fußballverein Grashoppers zum Beispiel gab es einen Fanclub, der auch gern Rechtsrock-Platten bei uns kaufte und uns zu Feten einlud. Außerdem kam heraus, daß wir an einem Empfang bei Christoph Blocher, dem Vorsitzenden der rechten Schweizer Volkspartei, teilgenommen hatte. Das wollte ich eigentlich verhindern, denn ich befürchtete ernste Probleme mit Christoph Schlingensief. Der blieb erstaunlich ruhig und sagte nur: »Ich vertraue dir.«

Das Vertrauen stellte er allerdings bald auf eine Probe.

Denn Schlingensief forderte wegen der Attacken der Schweizer Volkspartei auf das Schauspielhaus lautstark das Verbot der Partei. Außerdem führte eine unserer nächsten Aktionen zu dem Privathaus von Christoph Blocher, natürlich begleitet von einem Pulk Journalisten und Kameramännern. Christoph beobachtete mich sehr intensiv. Ich ließ mir nichts anmerken und beteiligte mich wie alle anderen auch an der Demonstration.

Außerdem gab es eine gut Nachricht: »Hamlet« wurde nach Berlin zum renommierten Theatertreffen eingeladen. Am 18. Mai, zwölf Tage nach der Premiere in Zürich, sollten wir an der Spree spielen. Ursprünglich sollten nur die »Nazis« an einer Diskussionsrunde teilnehmen.

Die letzten Tage vor der Premiere waren knallharte Arbeit. Christoph hatte ständig neue Ideen und warf die Szenen immer wieder um. Der ruhende Pol in dem Durcheinander war Peter Kern, der als König Claudius wie ein Buddha auf der Bühne thronte und gelegentlich hinter der Bühne ein Nickerchen machte. Er litt an einer sehr seltenen Schlafkrankheit.

Ich glaubte, es wäre normal, daß man vor einer Premiere kein Auge zumachte. Darum saßen Jan und ich am Morgen vor der Permiere ziemlich angeschlagen im Frühstücksraum des Hotels. Ich sah Jan an. Er wußte genau, was ich sagen wollte: Wir lassen die Premiere heute nicht platzen. Wir verschieben das auf Berlin.

Er nickte. Mir fiel ein Stein vom Herzen. Eine »Kompromißlösung« war mir nicht eingefallen. Darum war es mir sehr recht, daß die Entscheidung erst einmal vertagt war. Den anderen »Nazis« ging es ebenso. Keiner hatte mehr Lust auf einen Skandal bei der Premiere.

Das Zürcher Schauspielhaus platzte aus allen Nähten, aus ganz Europa waren Journalisten angereist. Manche standen sogar in den Gängen. Und natürlich war auch jede Menge Prominenz da.

Die Aufführung selbst begann mit einem Solo von Christoph Schlingensief. Er erschien als SS-Mann auf der Bühne, diskutierte mit dem Publikum und machte Witze. Das tat er später jeden Abend, immer mit einem neuen Text. Widerspruch duldete er nicht und warf dann mit derben Sprüchen um sich.

Der »Hamlet« selbst hielt sich nur in groben Zügen an die literarische Vorgabe. Immer wieder wurden Originaltöne der Hamburger Gustaf-Gründgens-Aufführung aus dem Jahr 1953 eingespielt.

Die Schauspieler sprachen ihren Text parallel dazu, der selten genau auf die Worte vom Tonband paßte. Dadurch entstand ein eigenartiger und faszinierender Effekt. In späteren Aufführungen wurde dann viel mehr improvisiert, oft wurden Szenen gar nicht zu Ende gespielt. Aber bei der Premiere lief alles perfekt.

Auch der Auftritt der »Nazis«. Zusammen mit Jürgen Drenhaus grölte ich ein umgetextetes »Deutschland-Lied« als Punkversion. Anschließend zogen wir mit Baseballschlägern und Peitschen durch den Saal, um das Publikum zu erschrecken. Aber der »Hamlet« hatte ein »Happy-End«. Denn zum Finale lasen wir dem Publikum unser »Aussteiger-Manifest« vor.

Als der Applaus über uns hereinbrach, war ich unglaublich stolz. Ich hatte das Gefühl, fliegen zu können, wenn ich es gewollt hätte. Immer wieder gingen wir auf die Bühne, um den Jubel zu genießen. In dem Moment waren wir alle Schauspieler.

Bei der anschließenden Premierenfeier gratulierte uns der Intendant Christoph Marthaler. Der hatte offenbar bis zuletzt befürchtet, daß die Inszenierung dem Schauspielhaus schweren Schaden zufügen könnte. Er ahnte er schon, was in den Köpfen der Feuilletonisten vorging. Denn das Pressecho war genau so, wie es sich ein Intendant wünscht.

Von überschwenglicher Begeisterung bis zum bitteren Verriß war alles dabei. Das weckte die Neugier der Kultur-Schickeria, sich den »Hamlet« selbst anzusehen.

Obwohl ich fast ausschließlich Apfelschorle trank, weil ich um die verheerende Wirkung von Alkohol auf mein Aggressionspotential wußte, gönnten Jan und ich uns nach der Premiere einen Absturz. Wir feierten unseren Triumph, den wir uns ein paar Monate zuvor noch ganz anders vorgestellt hatten. Und nun fieberten wir unserer Reise nach Berlin entgegen.

Noch zwölf Tage, bis die Bombe platzte.

Besonderen Gefallen an uns hatte der Schweizer Privatsender »Tele 24« gefunden. Täglich berichtete er über alle Aktionen rund um den »Hamlet«. Der Chef des Ganzen, Roger Schawinski, der später zum Programmchef bei »Sat.1« aufstieg, lud zunächst Christoph und zwei Wochen später mich in seine einstündige Live-Sendung ein. Mit der charmant-provokanten Art von Christoph kam er überhaupt nicht zurecht, das Rededuell ging klar zugunsten des »Hamlet«-Regisseurs aus. Offenbar hegte der Mann Rachegedanken, als er mich einlud. Mit mir zusammen saß auch Ellen Regnier, die Frau des Inhabers der Regnier-Verlagsgruppe, Schawinski gegenüber.

Ich machte Christoph keine Schande und ließ mich nicht aufs Glatteis führen.

Abends war Talkshow-Termin in Berlin. Im »Grünen Salon«, der sich in der Volksbühne befindet, interviewte Erich Böhme für ntv Christoph Schlingensief. Torsten Lemmer durfte nicht aufs Podium, er war noch immer eine Reizfigur für die alternative Szene in Berlin, die ihm den Ausstieg nicht abnahm. Die Fernsehleute hatten Angst vor Randalierern.

Auch Erich Böhme machte einen sehr nervösen Eindruck, zumal der Co-Moderator, Sachsens einstiger Innenminister Heinz Eggert, auch nicht besonders gelassen wirkte. Offenbar fürchteten beide, daß Christoph den Abend für eines seiner Spektakel nutzen könnte. Sie waren sichtlich froh, als die Sendung zu Ende war.

Christoph Schlingensief ist nicht nur ein außergewöhnlicher Theaterregisseur. Mindestens genauso perfekt inszeniert er Pressetermine. Auch in Berlin wollten 60 Journalisten die Gelegenheit nutzen, richtige Nazis aus der Nähe zu sehen. Wir erwarteten die Gesellschaft auf einem Spielplatz, wo wir eine ganze Weile mit Kindern herumtobten. Mich fand ein kleiner, blonder Junge, ich glaube er hieß Tim, besonders nett. Den hatten die Eltern offenbar auf uns vorbereitet, denn Tim spielte plötzlich nicht mehr weiter und fragte: »Bist du ein richtiger Nazist?«

Ich antwortete ohne nachzudenken: »Nein, das war ich früher.«

Ein paar Minuten später kam der Bus mit Zeitungs-, Rundfunk- und Fernsehleuten. Ich war in meinem Element. Stundenlang fuhren wir durch Berlin. Christoph hatte an alles gedacht, sogar an den Blumenstrauß, den die »Nazis« am Grab des großen Bertolt Brecht ablegen sollten.

Es war eine fast gespenstische Szene, als wir auf dem Dorotheenstädtischen Friedhof standen – ich mit dunklem T-Shirt und kurzer Hose, um uns herum die Horde von Presseleuten, die offenbar nur darauf wartete, daß wir uns eine Blöße gaben. Es waren nur ein paar Minuten der Stille, die wir am Grab des Dichters verbrachten. Und doch ging mir in dieser Zeit alles durch den Kopf, was ich in den vergangenen Jahren getan und erlebt hatte.

Vor allem die Arbeit mit Christoph Schlingensief und Peter Kern hatte mir klar gemacht, daß man Ziele anders erreichen kann als mit Gewalt und rechten Parolen. Die beiden waren nicht nur offen mit mir umgegangen. Sie hatten sich auch viele Stunden Zeit genommen, um mir in langen Gesprächen die Türen zu öffnen, die für mich bis dahin verschlossen waren. Ich hatte mich niemals mit Theater oder anderen schöngeistigen Dingen beschäftigt. Das erschien mir nutzlos und überflüssig.

Daß Kultur und Politik mehr gemeinsam haben, als ich bislang annahm, wurde mir durch »Hamlet« bewußt. Ich hatte überdies Freundschaft mit einem homosexuellen Juden geschlossen. Und mit einem Mann, für den Rechtsradikale nur Haß und Verachtung übrig hatten, weil er für sie wie kein anderer die Symbolfigur der linken Kultur war.

Ich hatte etwas für mich und mein Leben gelernt: Toleranz.

In diesem Moment sagte ich mir: Ich will nicht wieder zurück in den braunen Sumpf, ich will aussteigen und ein normales Leben führen.

Ich schaute zu Jan. Er stand neben mir und nickte mir kurz zu. Ohne daß wir ein Wort wechselten, wußte ich, daß er genau das Gleiche dachte wie ich.

Jan und ich nahmen die anderen »Nazis« wenig später beiseite und erklärten, daß der Skandal ausfalle. Die Aufführung in der Volksbühne werde wie geplant stattfinden. Bis auf Melanie Dittmer waren alle einverstanden. Sie erklärte auf einer Pressekonferenz in Berlin, daß sie keine Lust habe, aus der rechten Szene auszusteigen. Sie wolle nur der Gewalt abschwören. Damit war ihre Zeit beim Hamlet abgelaufen. Sie handelte ohnehin gegen unsere Verabredung. So versorgte sie während der Proben eine rechte Gazette mit Informationen.

Vielleicht richtete sich das auch alles nur gegen mich: Wir beide hatten drei Jahre zuvor eine kurze Affäre miteinander. Anscheinend hoffte sie auf eine Fortsetzung und rächte sich nun, weil sie ausblieb.

Am nächsten Morgen wurden wir im Reichstag empfangen. Rezzo Schlauch, Fraktionsvorsitzender der Grünen, heute Staatssekretär, führte uns durch das Parlament. Später lernte ich auch Dr. Antje Vollmer, Vizepräsidentin des Deutschen Bundestages, kennen. Zu der grünen Vorzeigefrau fand ich sofort einen Draht, sie hatte wirklich Interesse an der Idee, daß man rechtsradikale Jugendliche durch

Kulturprojekte zurück in die Gesellschaft führen könne. Sie sprach über ihr Streetball-Projekt, mit dem obdachlose und Kinder aus sozial schwachen Familien unterstützt werden sollen.

Sie verabschiedete sich mit einem Küßchen von mir und gab mir ihre Telefonnummer für den Fall, daß ich mal ihren Rat brauchte.

Wesentlich zurückhaltender, aber nicht unfreundlich, gab sich Rezzo Schlauch. Er hatte bereits eine Menge Ärger mit den Düsseldorfer Grünen hinter sich. Diese hatten auf die Ankündigung, daß Jan und ich im Reichstags empfangen werden sollten, empört reagiert.

In den Räumen der FDP-Fraktion fand ein Empfang statt, und ich nutzte die Gelegenheit, um mich auf den großen Stuhl von Guido Westerwelle zu setzen. Peter Kern war ziemlich froh, daß es dort endlich ein paar Chips gab, denn das hektische Besuchsprogramm machte ihm schwer zu schaffen. »Ich habe keine Lust, für Nazis zu verhungern«, sagte er.

Der Rest des Tages war anstrengender. Es stand eine Podiumsdiskussion auf dem Programm, an der auch viele Alternative teilnahmen. Schon im 15minütigen Kurzfilm über die »Hamlet«-Inszenierung mischten sich »Nazis raus«-Rufe, die Stimmung war aufgeheizt.

Ich suchte mir die Leute aus dem Publikum, die am lautesten geschrieen hatten, und marschierte mit einem Mikrofon von der Bühne: »Sie wollten etwas sagen?«

Keiner von den Zwischenrufern wollte.

Wir konnten aber viele von denen, die da vor uns saßen, nicht überzeugen. Immerhin gelang es Rezzo Schlauch, die Menge so zu beruhigen, daß eine vernünftige Diskussion zustandekam.

Natürlich wurde auch gefragt, wieso ich immer noch als Gesellschafter von »Funny Sound and Vision« und »Creative Zeiten« eingetragen war.

Christoph Schlingensief hatte eine erstaunliche Idee: »Ich

könnte mir vorstellen, daß die Firmen für zwei Millionen an den Bundesinnenminister verkauft werden. Eine Million davon wird an das Aussteigerprojekt gespendet.« So abwegig das auf den ersten Blick klang: Der Vorschlag wurde später in einer Erklärung von zehn bekannten deutschen Intendanten unterstützt. Nichtsdestotrotz waren alle froh, als die Veranstaltung zu Ende war.

Jan und ich nutzen die freie Zeit, um einen alten Bekannten in Berlin zu besuchen: Arnulf Priem, Chef der Rockerbande *Wotans Wölfe*, der auch schon mehrere Gefängnisstrafen hinter sich hatte.

Als ich in seine Wohnung kam, die mit alten SA-Uniformen, Wehrmachtdolchen und Erkennungsabzeichen von toten Soldaten dekoriert war, wurde mir klar, daß ich damit nichts mehr zu tun haben mochte. Als Jan und ich ihm erzählten, daß wir aussteigen wollten, schien Arnulf das nicht ernst zu nehmen. Er lachte und schenkte mir zum Abschied einen alten Volksempfänger.

Ich vermittelte einen Kontakt zwischen Priem und Christoph Schlingensief. Die beiden trafen sich an einem See in Berlin, ohne daß über irgend etwas Wichtiges gesprochen wurde. Für das Aussteigerprojekt war Arnulf nicht zu begeistern.

Ich war irgendwie erleichtert, als wir auf die Bühne in der Volksbühne kamen. Die war viel größer als jene im Zürcher Schauspielhaus, und der Zuschauerraum war bis auf den letzten Platz besetzt.

Ich glaube, das ganze Ensemble hat den »Hamlet« nie wieder so begeistert gespielt wie in Berlin. Jürgen und ich sangen unser Deutschland-Lied, und am Ende lasen wir das Aussteiger-Manifest vor. Es gab die übliche Mischung aus Jubel und Buh-Rufen, die wir auch schon von den anderen Aufführungen kannten.

Die Entscheidung, die Jan und ich in Berlin trafen, hatte erhebliche Konsequenzen. Denn er konnte und wollte als Aussteiger nicht weiter Geschäftsführer der Rechtsrock-Unternehmen sein. Und auch ich mußte eine Möglichkeit finden, ohne Altlasten ein neues Leben zu beginnen.

Auf der anderen Seite wollte ich für meine persönliche Entscheidung auch nicht andere büßen lassen und sie auf die Straße setzen.

8. KAPITEL

Ich war ausgestiegen, aber niemand wollte es mir abnehmen. Auch meine Eltern nicht, die ich auf dem Heinweg von Berlin besuchte, um ihnen meinen Entschluß mitzuteilen. Sie hatten in den vergangenen Jahren offenbar zuviel mit mir erlebt, um die Ernsthaftigkeit meiner Absicht zu glauben.

»Willst du das denn wirklich, Junge?« fragte mein Vater.

»Ich werde es beweisen«, lautete meine Antwort. Als ich ging, hatte ich den Eindruck, daß sich meine Eltern sorgten. Sie schienen anzunehmen, daß mein plötzlicher Sinneswandel nicht freiwillig erfolgt sei, sondern weil mich jemand bedrohte oder unter Druck setzte.

Aber es war alles in Ordnung, und ich fühlte mich so befreit wie seit vielen Jahren nicht mehr.

Mein nächster Gang führte mich in den Verlag.

Ich mußte Andreas Zehnsdorf beibringen, daß er in Zukunft ohne Jan und mich auskommen müsse und ich versuchen wolle, »Funny Sounds and Vision« und »Creative Zeiten« zu verkaufen, am liebsten an den Bundesinnenminister.

Andreas lachte, weil er das für einen schlechten Scherz hielt.

Er glaubte das erst, als er die Erklärung der zehn prominenten Theaterintendanten las, die sich für diesen Vorschlag ausgesprochen hatten.

Einen neuen Job für Jan zu finden, war nicht schwer. Er kam schon bald bei einem Unternehmen für Telekommunikation unter.

Ich kehrte nach Zürich zurück.

Es war klar, daß vor der nächsten Vorstellung die Irritationen innerhalb der Gruppe ausgeräumt werden mußten, die Melanie Dittmers Erklärung, nicht auszusteigen, ausgelöst hatte. »Hamlet« sollte ein Aussteigerprojekt mit Vorbildfunktion werden – was offenkundig »Exit«, das von der Bundesregierung unterstützte Aussteigerprogramm, nicht leistete. Ich bezweifelte sogar, daß »Exit« nennenswerte Kontakte zu Rechtsradikalen hatte. Bekanntlich hatte Christoph Schlingensief zu Beginn des »Hamlet«-Projektes dort nach aussteigewilligen Neonazis gefragt. Es war »Exit« nicht möglich, ihn zu unterstützen.

Auch nervte mich, daß Martin Kohlmann noch immer mit dem *Republikaner*-Programm herumlief. Mit ihm und Dittmers wollte ich nicht mehr auf einer Bühne stehen.

Schlingensief wollte noch vermitteln – vielleicht, weil die hübsche Melanie sich auf der Bühne gut verkaufte –, aber am Ende blieben nur noch vier »Nazis« übrig, nämlich neben Jan und mir Jürgen Drenhaus und Tim Holzschneider. Für den »Hamlet« reichte das Quartett, zumal keine Aufführung war wie die andere. Manchmal diskutierte Christoph mit dem Publikum so lange, bis die ersten aufstanden und gingen. Vor allem die Herrschaften mit Abonnements konnten mit der eigenwilligen Bearbeitung des Klassikers wenig anfangen. Denen schickte Christoph beim Herausgehen noch ein paar unfreundliche Worte hinterher.

Mal wurden Szenen weggelassen oder abgebrochen, neue kamen hinzu. Wir »Nazis« blieben von den Experimenten meist verschont, weil man froh waren, daß die Kollegen »Laiendarsteller« endlich ihre Rollen beherrschten.

Neben dem Applaus gefielen mir die »Kultur-Groupies« am Schauspielhaus. Das war nicht die Sorte, die ich bei meinen Rechtsrock-Konzerten kennengelernt hatte. Eine Lehrerin, die eigentlich mit einem Polizisten liiert war, paßte mich an einem Abend hinter der Bühne ab. Wir gingen zusammen essen und hatten eine schöne Zeit. Da ich augenblicklich keine feste Beziehung hatte, genoß ich sie.

An einem anderen Abend stand eine 17jährige Punkerin vor mir, die Fan der »Böhsen Onkelz« war und den »Ober-Nazi« unbedingt persönlich kennenlernen wollte. Ich tat ihr den Gefallen.

In einer Vorstellung fiel mir eine gutaussehende Blondine auf, die einen kurzen roten Rock trug und mich aus einer der vorderen Reihen musterte. Wir schauten uns immer wieder an, und ich zwinkerte der ziemlich aufregenden Dame zu. Als ich zurück in mein Hotel kam, hatte ich eine E-Mail auf einem Computer. »Ich habe dich heute im Theater gesehen«, las ich und wußte genau, daß es sich um die Blonde handeln mußte.

Sie hieß Andrea und war eine in Zürich bekannte Immobilienmaklerin. Wir trafen uns wenig später und landeten noch am gleichen Abend im Bett. Die Schöne und das »Nazi-Biest«.

Das Ganze war ein bißchen wie das Märchen vom »Aschenputtel« – nur daß ich das »Aschenputtel« für die reiche Dame war. Heute Abend mal Nazi statt Kaviar ...

Mit dem 11. September 2001 änderte sich auch für uns vieles. Die Schlagzeilen wurden in New York gemacht. In Zürich waren die Nazis nur ein Randthema. Das fand Christoph Schlingensief natürlich nicht sehr angenehm. Er überraschte das gesamte Ensemble mit einer seiner provokanten Ideen. »Wir treten ab jetzt in Taliban-Kostümen auf. Die langen Ledermäntel bleiben im Schrank.«

Was er damit künstlerisch sagen wollte, blieb den meisten unklar.

In jedem Fall war der nächste Krach programmiert.

Diesmal ging er sogar für das liberale Zürcher Schauspielhaus zu weit. Die Taliban-Nummer wollte man auf keinen Fall zulassen. Man verweigerte sogar den Schlüssel zum Kostümfundus. Es gab lange Diskussionen, aber irgendwie schaffte es Christoph doch, an den Schlüssel zu kommen. Tatsächlich war der Skandal viel kleiner als erwartet, denn außer in Zürich nahm kaum jemand Notiz davon.

Mit dem Nahen des Spielzeitendes nahm unsere Unruhe zu.

Die Homepage »naziline.com«, die doch die Plattform für Aussteiger im Umfeld des »Hamlet« darstellte, erwies sich als Schlag ins Wasser. Die zwei Schweizer Künstler, die sie erstellt hatten, wußten nicht, was man mit aussteigewilligen Nazis anfangen sollte. »naziline.com« war ein reines Kunstprojekt. Konkrete Hilfen für uns Aussteiger gab es nicht.

Tim, Jan, Jürgen und ich setzten uns im Hotel zusammen und beschlossen, einen eigenen Verein zu gründen, der Aussteigern aus der rechten Szene eine Anlaufstelle sein sollte. Und zwar ohne jeden Druck – der Verein sollte zunächst eine Gesprächsplattform bieten. Einen Namen hatte ich auch schon: »Rein«. Junge Menschen sollten mit seiner Hilfe »rein« in die Gesellschaft gelangen.

Wir wollten das auf einer Pressekonferenz bekanntgeben, und da es unsere Sache und nicht die von Christoph Schlingensief war, meinten wir auch, ihn darüber nicht informieren zu müssen. Aber der Meister hatte seine Ohren überall und sprach mich am Vorabend der Pressekonferenz darauf an.

Peter Kern meinte ironisch-doppeldeutig: »Wir wollten ein Theaterprojekt machen, und jetzt steigen die wirklich aus.«

Vielleicht nahm Christoph erst in diesem Moment wirklich wahr, daß »Hamlet« der Wendepunkt in meinem Leben bedeutete. Er dachte eine Weile nach. »Macht das Projekt nicht allein. Ich helfe euch.«

Wenig später traf das Schauspielhaus die Entscheidung, daß der »Hamlet« nach 17 ausverkauften Vorstellungen auch in der folgenden Spielzeit ins Programm genommen werden sollte. Bester Stimmung fuhr ich in der Winterpause nach Hause und kümmerte mich um meine privaten Dinge, darunter die Sonnenstudios. Ich saß dort hinter der Theke, als zwei junge Frauen hereinkamen, die offenbar

Ausländer waren. Eine trug einen großen, dunklen Hut, hatte schwarze, lange Haare und ein Gesicht, das mich an eine ägyptische Königin erinnerte. Die beiden kicherten unentwegt, auch als sie schon auf der Sonnenbank lagen.

Schließlich kam eines der Mädchen zu mir und verlangte keß die Chefin zu sprechen.

»Ich bin hier der Chef«, sagt ich.

»Ich meine aber die Geschäftsführerin.«

Die orientalische Schönheit ließ nicht locker. Ich auch nicht.

»Um was geht es?«

»Ich habe das Stellenangebot an der Pinwand gesehen und möchte mich als Aushilfskraft bewerben.«

Ich schrieb mit ihren Namen auf. Sie hieß Saida. Meine Geschäftsführerin wies ich darauf hin, daß die junge Dame auf jeden Fall eingestellt werden müsse.

Ein paar Tage später trat Saida ihren ersten Dienst an. Normalerweise schaute ich nur gelegentlich im Studio vorbei, jetzt wurden meine Besuche häufiger. Und länger. Manchmal dauerten sie eine ganze Schicht.

Saida erzählte mir, daß sie aus Marokko komme und aus einer konservativen arabischen Familie stamme. Für den Vater kam als Schwiegersohn nur ein Moslem in Frage. Alles andere sei eine Beschmutzung der Familienehre. Anderen hielten es ebenso. Saida berichtete von einer marokkanischen Freundin, die sich in einen Deutschen verliebt hatte. Sie wurde von ihrer Familie regelrecht entführt. Das Unternehmen scheiterte allerdings daran, daß der Wagen in Belgien mit einer Panne liegenblieb. Andere Freundinnen verschwanden von einem Tag auf den anderen aus Deutschland und kehrten angeblich freiwillig nach Marokko zurück. Sie hatte bei einigen große Zweifel, daß sie die Entscheidung selbst getroffen hätten.

Ich schenkte ihr reinen Wein ein und erzählte ihr meine Biographie. Das schien ihr vergleichsweise unerheblich. Aus der Sicht ihrer Familie war eine Beziehung zu einem Christen das Schlimmste.

Und wir hatten eine Beziehung. Zum ersten Mal in meinem Leben war ich richtig verknallt. Ich war glücklich, wenn wir zusammenwaren. Der Ex-Nazi liebte eine Marokkanerin. Unglaublich.

Das Jahr neigte sich dem Ende. Im Kino lief der erste Teil vom »Herrn der Ringe«. Ich fragte Saida, ob sie Lust hatte, mit mir ins Kino zu gehen. Der Abend war wunderschön, und als wir aus der Vorstellung kamen, griff ich zum ersten Mal vorsichtig nach ihrer Hand.

Sie hielt sie fest.

Mehr passierte nicht.

Ein paar Tage später besuchten wir einen Freund aus dem Hundesportverein, der in der Nähe von Marburg wohnte. Ich hatte ziemlich viel getrunken, und da Saida und ich noch kein Paar waren, legte ich mich mit meinem Freund ins Ehebett, ein Wasserbett.

Wie ich das Ding kaputt gemacht habe, weiß ich nicht mehr. Jedenfalls stand mitten in der Nacht plötzlich das ganze Schlafzimmer unter Wasser. Saida packte mich ins Auto und fuhr nach Hause.

Am nächsten Morgen hatte ich panische Angst, der mißlungene Abend könnte das Ende meiner großen Liebe sein.

Fünf Tage später war Heiligabend. Saida kam bei uns vorbei. Ich hatte ihr ein neues Handy gekauft, denn ich wollte sie immer erreichen können, weil ich mir wegen ihrer Familie große Sorgen machte. Wir wußten beide, daß unsere Liebe Konsequenzen haben würde. Daß mich meine früheren politischen Freunde beschimpfen würden, war mir ziemlich egal. Aber Saida würde ihre Familie verlieren, wenn sie sich für mich entschied.

Seit Heiligabend 2001 sind wir ein Paar, ich kann mich an kein schöneres Weihnachtsfest erinnern. Zwei Wochen später zog sie zu mir. Ihr Vater und ihre Brüder brachen den Kontakt zu ihr ab.

Auch bei meinen Eltern gab es zunächst Widerstand, den ich nicht erwartet hatte. Vor allem Mutter hielt die Liebe zu Saida offenbar für eine fixe Idee, die sie nicht tolerierte. »Wir haben 15 Jahre unter dem leiden müssen, was du getan hast. Wir haben Bekannte verloren, die nichts mehr mit uns zu tun haben wollen. Und nun willst du unbedingt mit einer Ausländerin zusammenleben.«

Über Wochen herrschte eisige Atmosphäre im Hause.

Mutter und Saida wechselten kein Wort miteinander. Ausgerechnet die Gefriertruhe sorgte dafür, daß das Eis taute.

Diese befand sich in der ersten Etage, in der meine Wohnung lag. Tagsüber holte meine Mutter etwas aus der Truhe und begegnete dabei meiner Freundin. Ich weiß nicht, wer von beiden das erste Wort sprach. Aber als ich zurückkam, saßen beide auf der Couch und tranken Kaffee. Von Stund an gehörte Saida zur Familie. Der Speiseplan änderte sich abrupt, denn Saida übernahm die Regie in der Küche. Mein Lieblingsgericht Wiener Schnitzel war gestrichen, stattdessen saß ich plötzlich abends vor Dingen, die ich noch nie auf einem Teller gesehen hatte.

»Das ist Kous-Kous«, sagte Saida.

Ich brauchte einige Zeit, um mich daran zu gewöhnen. Auch an Auberginen und andere unbekannte Gemüsesorten. Eines Tages hingen Knoblauchknollen in der Küche. Unter Rechten ist Knoblauch verpönt und gilt als typisches »Türkengewürz«, das in keiner guten deutsche Küche etwas verloren hat.

»Ich mag Knoblauch nicht«, sagte ich.

Sie lachte nur und meinte: »Den ißt du schon seit Wochen.«

Damit war das Thema beendet.

Der Vampir konnte endlich in den Spiegel schauen und sah sich zum ersten Mal selbst.

Wir sprachen auch über Religion. Saida war ein moderne, junge Frau, die selbstbewußt zu ihrem Glauben stand.

Ich fragte sie unbefangen, ob sie zu Hause dreimal am Tag den Gebetsteppich ausgerollt habe, worauf sie mich Ungebildeten auslachte. »Du hast wirklich keine Ahnung. Das mit dem Teppich machen nur die Männer.«

Seit ich das Schicksal einiger Freundinnen von Saida kannte, lebte ich in Angst, wenn sie allein unterwegs war. Als die nächsten Proben in Zürich vor der Wiederaufführung des »Hamlet« anstanden, nahm ich sie vorsichtshalber in die Schweiz mit. Ich wollte nicht einmal mehr, daß sie allein im Sonnenstudio arbeitete.

Diese Angst war ein ganz neues Gefühl für mich. Ich hatte zum ersten Mal im Leben etwas, was ich auf keinen Fall verlieren wollte.

Saida war sehr stolz, als sie mich zum ersten Mal auf der Bühne sah. Natürlich schaute ich sie fast während der ganzen Vorstellung an. Als ich zum Schluß unser Aussteigermanifest vortrug, sagte ich: »Seht, da oben sitzt meine Freundin, eine Marokkanerin.«

Ich lächelte, als ich sah, wie ihr braunes Gesicht einen dunklen Ton bekam und sie den Blick senkte.

Zwischen den Aufführungen hatten wir sehr viel Zeit, uns Zürich und den Rest der Schweiz anzusehen. Saida hatte eine Menge Spaß daran, daß man mich in Zürich auf der Straße erkannte. Einmal lud uns eine ältere Frau spontan zu Kaffee und Kuchen ein und machte nachher noch ein Erinnerungsfoto.

Ich habe Saida bis dahin selten so glücklich gesehen wie an jenem Tag.

Ich wechselte meine Handy-Nummer, denn es meldeten sich immer wieder einige Damen, die ich während der ersten »Spielzeit« kennengelernt hatte.

Aber ich wollte nicht nur kein Nazi mehr sein.

Ich wollte ein ganz neues Leben beginnen.

9. KAPITEL

Mit der dritten Spielzeit in Zürich kam auch langsam das Ende für den »Hamlet«. Was auch vernünftig war: Jede Provokation verliert ihre Wirkung, wenn sich das Publikum daran gewöhnt hat. Auch Christoph fiel offenbar nichts mehr ein, um das Stück noch einmal in die Schlagzeilen zu bringen.

Als er einmal hinter der Bühne nach Luft rang und rot anlief, vermutete wir zunächst, es wäre ein PR-Versuch, andere hielten es für einen makabren Scherz. Schließlich holte man doch einen Arzt: Der diagnostizierte einen Allergieanfall. Einen echten.

Nachdem die letzte Vorstellung gespielt war, kam es zu berührenden Szenen. Insbesondere der Abschied vom Requisiteur fiel allen schwer. Nachdem er sich zunächst geweigert hatte, mit uns Nazis zusammenzuarbeiten, hatte sich vor allem zu Jürgen Drenhaus und Tim Holzschneider eine enge Freundschaft entwickelt. Auch die Schauspieler hatten sich erstaunlicherweise an uns gewöhnt, und einige von uns hatten tatsächlich Tränen in den Augen.

Christoph fragte mich, ob ich Interesse hätte, in einer seiner neuen Produktionen mitzumachen. Ich bat um ein paar Tage Bedenkzeit und sagte dann ab. Ich wollte auf weitere Ausflüge in die Schauspielerei verzichten. Ich lerne sehr ungern Texte auswendig. Das scheint keine gute Voraussetzung für ein Theaterleben.

Jürgen Drenhaus ging zurück nach Berlin und spielte in einem »Tatort« mit. Tim Holzschneider begann eine Lehre im Verpackungsbereich und hatte überhaupt keine Lust mehr, politisch in Erscheinung zu treten. Jan wollte nach dem Ausstieg aus meinem Verlag auch nicht mehr in Düsseldorf bleiben und kehrte nach Hamburg zurück, um dort zunächst beim Axel Springer Verlag tätig zu werden.

Ich selbst wollte mehr für unseren »Rein«-Verein tun.

Peter Kern wollte seinen Dokumentarfilm über den »Hamlet« nicht im Archiv verschwinden lassen. Also entschlossen wir uns, mit dem Projekt auf Tournee zu gehen – von Rotterdam bis Prag. Peter und ich waren immer dabei, manchmal saß auch Christoph mit auf dem Podium. Auch Jan war mit von der Partie.

Wir hofften, daß zu den Veranstaltungen auch aussteigewillige Rechte kommen würden. Das geschah nicht. Es saßen nur Intellektuellen-Gruppen im Auditorium, die es in jeder Stadt gab. Die Typen stellten nicht nur die gleichen Fragen, sie trugen auch die gleichen Sachen. Ich kann mich nicht an eine einzige Frage erinnern, die ich als originell empfand.

Einige hatten sich zuvor im Internet vermutlich bei der Antifa informiert, daß ich noch immer als Geschäftsführer des Verlages fungierte. Ich hatte in der Tat Schwierigkeiten, den Verlag zu veräußern. Da aber meine Entscheidung, aus der Szene auszusteigen, privat war, andererseits ein Unternehmen mit Angestellten nicht meine Privatsache war, mithin: Ich trug Verantwortung für diese Mitarbeiter, mußte ich auch dafür sorgen, daß sie nicht auf die Straße flogen. Außerdem spekulierte ich wirklich darauf, daß es eine Lösung mit dem Innenministerium oder mit anderen Investoren geben könnte, damit der Verlag ein ganz »normales« Unternehmen wurde. Mit mir an der Spitze wäre das nie möglich gewesen.

Das Frage-Antwort-Spiel lief in der Regel so:

»Seid ihr wirklich ausgestiegen?«

»Ja.«

»Wirklich?«

»Ja.«

»Und warum bist du dann noch immer als Geschäftsführer eines Rechtsrockverlag eingetragen?«

Ich glaubte nicht, daß die Elite der Selbstzufriedenen an meinen Antworten wirklich interessiert war. Wer seine Vorurteile mitgebracht hatte, wollte sie auch unbeschadet wieder mit nach Hause nehmen. Wie den Golf, den man vorsichtshalber zwei Straßen weiter abgestellt hatte, damit er keinen Kratzer bekäme.

Geradezu wohltuend dagegen waren unsere Gastspiele im Ausland. In Prag kamen viele junge Leute ins Kino und stellten Fragen, die mir wirklich unter die Haut gingen. »Wie fühlt man sich, wenn man einen Menschen verprügelt?« wollte ein Mädchen mit langen blonden Haaren wissen. Ich war sehr überrascht, denn ich hatte mich an die Standard-Fragen gewöhnt. Ich habe ihr gesagt, daß Gewalt immer damit zu tun habe, daß ein Teil des Gehirns abgeschaltet ist. Letztlich sei Gewalt immer ein Zeichen von Schwäche, das Eingeständnis, daß man keine vernünftige Lösung gefunden hat. Prag bot das, was ich mir für unser »Rein«-Projekt gewünscht hatte.

Besonders groß war natürlich der Wunsch, mit dem »Hamlet« in meine Heimatstadt Düsseldorf zu gehen. Damit verband ich die Hoffnung, daß ich ein besseres Image in meiner Umgebung bekäme. Auch Peter Kern, der Düsseldorf zu seiner Wahlheimat gemacht hatte und sich dort nicht genügend respektiert sah, verband mit einem Auftritt dort bestimmte Erwartungen.

Doch alle Anläufe scheiterten. Niemand traute sich, den »Hamlet« aufzuführen, vor allem wegen der Szene mit der angetrunkenen Familie des Oberbürgermeisters, die sich gemeinsam den »Hamlet« ansieht, was später in einer Gewaltorgie endet. Das war eine Idee von Peter Kern, die mit dem »Hamlet«-Projekt nichts zu tun hatte.

Mehrere Veranstalter signalisierten Interesse, machten aber am Ende einen Rückzieher mit fast gleichlautenden Begründungen: »Wir haben einen Freundeskreis, auf den wir angewiesen sind«, erklärten uns zum Beispiel die beiden neuen Chefs der Komödie, »aber wenn wir den Film zeigen, wird es so einen Ärger geben, daß wir den Freundeskreis dichtmachen können.«

Dann stand auch mal die Idee im Raum, den »Hamlet« in einem Zirkuszelt zu zeigen. Aber das Vorhaben erwies sich als zu teuer.

Ich ärgerte viele Menschen, bei manchen hat es mit sogar Spaß gemacht – da mußte ich mich nicht darüber wundern, daß sie mit allen Mitteln meine politische Rückkehr nach Düsseldorf verhinderten.

So blieben unsere Wünsche nach einem »Heimatgastspiel« zunächst unerfüllt, so daß Peter und ich weiter durch die Lande zogen. Immerhin kam es dabei zu einer ganzen Reihe von anregenden Begegnungen. In Graz, das im Jahr 2003 Europäische Kulturhauptstadt war, wurden wir zu einem Empfang des französischen Kultur-Attachés geladen. Solche Veranstaltungen mit Champagner und Cannapés waren für mich immer noch etwas Besonderes, denn sie bedeuteten ein Schritt in eine andere Gesellschaft. Ich genoß diese Empfänge, denn sie gaben mir das Gefühl, wirklich als Aussteiger akzeptiert zu werden. Menschen interessierten sich für mich, die mir früher nicht einmal die Hand gegeben hätten.

In Heidelberg saß ich gemeinsam mit einem Vertreter des polizeilichen Staatsschutzes auf der Bühne, eine Konstellation, die noch zwei Jahre zuvor undenkbar gewesen wäre. Allerdings hatten wir völlig konträre Vorstellungen, wie man Jugendliche aus dem rechten Spektrum zurück in die Gesellschaft bekäme.

Ich plädierte natürlich leidenschaftlich für den unkonventionellen Weg über die Kultur. Das war für mich eine völlig neue Idee, die ich mit großer Euphorie vertrat. Schließlich hatte ich meinen Ausstieg ja selbst auf der Bühne erlebt. Ich schlug vor, ähnliche Projekt auch auf lokaler Ebene, auf Kleinkunstbühnen und in Stadttheatern ins Leben zu rufen.

Der Polizeibeamte hatte Zweifel, daß man so etwas wie

»Hamlet« erfolgreich wiederholen könne. Am Ende hatte ich die Mehrheit klar auf meiner Seite.

Ich glaube, der Fehler beginnt damit, daß sogenannte »Experten« anfangen, sich über Dinge auszulassen, die sie selbst nur von außen kennen. Ich hatte die Neonazi-Szene von innen erlebt und weiß genau, was für Menschen sich dort fanden. Da waren zum einen die Leute, die politisch rechts standen, grundsätzlich aber Gewalt ablehnten und im Prinzip zur demokratischen Grundordnung standen.

Das waren Menschen, die deshalb rechtsaußen landeten, weil niemand sich vernünftig mit ihnen auseinandersetzte. Nach meiner Überzeugung mußte eine Demokratie sowohl rechts als auch links ein Meinungsspektrum haben, das grundsätzlich akzeptiert würde. Dann wäre es relativ einfach, diese Leute in die Gesellschaft zu integrieren, ohne daß sie in Grauzonen landeten und Opfer von gefährlichen Demagogen würden.

Das waren auch Menschen, die sich nicht verstanden fühlten, wenn sie sich auf einer Bürgerversammlung mal darüber beklagt hatten, daß in ihrem Viertel jeder zweite Geschäftsbesitzer aus der Türkei komme. Ich glaube auch, daß man eine 80jährige Rentnerin ernstnehmen mußte, die sich im Bahnhofsviertel zwischen Döner-Buden und Straßenstrich zunehmend unsicher fühlte. Mit Ausländerfeindlichkeit hat das nichts zu tun. Das sind Menschen, die mit dem gesellschaftlichen Wandel nicht zurechtkommen.

Ich glaubte, mit etwas mehr Toleranz gegenüber konservativ denkenden Menschen konnte der wirklich gefährliche Teil der rechten Szene erheblich ausgedünnt werden, weil viele Menschen dort erst gar nicht landeten.

Ganz anders verhielt es sich mit den Skinheads, von denen es bis heute rechts- und linksorientierte Gruppierungen gibt. Denen ging es nur darum, sich vollaufen zu lassen und irgendwem die Fresse zu polieren. Ob Rechte oder Linke war völlig egal. Hauptsache, es knallte. Wenn sich kein Opfer fand, prügelten sie sich untereinander.

Im übrigen glaubte ich, daß die Zahl der gewaltbereiten Jugendlichen im linken Spektrum ähnlich groß ist wie im rechten.

Daß es vor allem in den neuen Bundesländern zu Gewalttaten kam, wo angebliche Rechte im Suff andere Menschen totprügelten, hatte – so hörte ich es in vielen Gesprächen – mit ganz anderen Dingen zu tun.

Die Skinheads waren sehr schwer zu erreichen. Ich glaube nicht, daß »Exit« erfolgreicher agierte als unser »Rein«-Verein. Wahrscheinlich konnte man dieser Gruppe nur mit Repression begegnen. Vernünftigen Argumente waren die meisten erst zugänglich, nachdem sie das erste Mal in einer Gefängniszelle aufgewacht waren.

Manche auch dann noch nicht.

Für wirklich gefährlich hielt ich zwei Gruppen der rechten Szene. Da waren die einen, die glaubten, in demokratischen Parteien Karriere machen zu können, und scheiterten – aus welchen Gründen auch immer. Irgendwann hatten sie sich in den Kopf gesetzt, eine politische Karriere anzustreben. Dieses Ziel verfolgten sie mit allen Mitteln. Ob links oder rechts, das war dieser Sorte von Politikern völlig egal. Sie waren dafür bereit, sich heute mit jemandem zu verbünden, dem sie morgen den Dolch in den Rücken stießen.

Wer von diesen Leuten nicht gerade in führender Position einer rechten Partei tätig war, tauchte irgendwann an führender Position in der Wirtschaft oder als Vorsitzender eines Sportvereins wieder auf.

Menschen, die über Leichen gehen und gerne mit der Macht spielen, gibt es überall.

Diese Sorte im rechten Lager hielt ich für völlig immun, wenn es um Aussteigerprogramme ging. Nach ihrem Selbstverständnis waren sie nicht in die rechte Szene eingestiegen – folglich mußten sie auch nicht aussteigen. Für mich waren das fortgeschrittene Mitläufer, die allein feige waren, in der Gruppen aber zu allem fähig, wenn es um den eigenen Vorteil ging.

Diese Menschen fand man überall, in sämtlichen Parteien und natürlich auch in rechten, wo sie besonders auffielen.

Noch eine Etage darüber standen Führungsfiguren wie Michael Kühnen oder ein »Nazi-Yuppie« wie ich. Denn als Besitzer des größten Rechtsrock-Verlages der Welt gehörte ich zu den schillernden Figuren der rechten Szene. Das waren Individuen, die aus völlig unterschiedlichen Gründen rechtsaußen gelandet waren. Man konnte sie kaum über einen Kamm scheren. Darunter waren Leute, die in ihrer Verblendung dachten, daß sie etwas Richtiges taten – sie fühlten sich als eine Art Messias. Andere waren einfach nur machtbesessen, skrupellos oder wollten einfach Geld verdienen.

In der Führungsebene der Neonazis spielte der Rachegedanke eine große Rolle, obwohl das keiner wirklich zugab. Nach meiner Überzeugung war es leichter, jemand aus der ersten Garde für ein Aussteigerprojekt zu gewinnen, weil es sich um Persönlichkeiten handelte, die imstande waren, sich eine eigene Meinung zu bilden. Mitläufer liefen eben mit und hatten keine große Lust, ihr Gehirn anzustrengen. Darum waren sie auch schwer anzusprechen, wenn es um Vereine wie »Rein« oder »Exit« ging. Wenn es gelang, Spitzenleute zu überzeugen, daß sie sich auf einem Irrweg befanden, zog das in der Regel Kreise, und viele begannen, sich Gedanken zu machen. Das war der erste Schritt zurück in die Gesellschaft.

Ich kann mich an ein Gespräch erinnern, das ich mit Ian Stuart Donaldson führte, als wir beide schon ziemlich betrunken waren. Er sagte: »Bin ich nicht ein Rockstar? Ich bin Rock'n'Roll. Sie wollten mich nicht, aber nun müssen sie mich nehmen. Ob sie wollen oder nicht.« Es war eines unserer letzten Gespräche, bevor er bei einem Autounfall ums Leben kam. Aber es war eines von denen, über die ich lange nachgedacht habe. Daß ich später bei der »Hamlet«-Aufführung so reagierte und nicht, wie beabsichtigt, das ganze Projekt platzen ließ, hatte viel mit diesem Abend zu tun. Ich hatte keine Lust, mich zum Sklaven meiner Rache zu machen.

Die Hamburger Kampnagel-Fabrik war überfüllt, als wir dort den Hamlet-Film zeigten. Aber dort saßen die gleichen Intellektuellen, die wir schon aus anderen Veranstaltungen kannten. Ich erinnere mich daran, daß sich Peter Kern in Hamburg sehr schlecht fühlte und er am Stock gehen mußte. Im Hotel bat er mich, ihm eine »Zuckerspritze« zu verpassen, aber ich habe es nicht fertiggebracht. Schließlich wurde die Zeit knapp und wir fuhren ohne Zuckerspritze zum Kino.

Die Zeit zwischen den Veranstaltungen nutzten Saida und ich, um einige Kurz-Trips ins Ausland zu unternehmen. Einmal mieteten wir in Spanien ein Ferienhaus. Wir standen gemeinsam in der Küche, als ich beim Kochen fragte: »Würdest du einen Christen heiraten, der bis vor kurzem auch noch Nazi war?«

Saida sagte gar nichts, sondern gab mir einfach einen Kuß. Das war Samstag. Am nächsten Tag packten wir unsere Koffer und fuhren nach Hause, um die Hochzeit vorzubereiten.

Tatsächlich bekamen wir beim Hildener Standesamt einen Termin, es war der 21. August 2002. Es war eine schnelle Zeremonie, einer meiner Mitarbeiter machte den Trauzeugen, nur die ganz engen Freunde und meine Eltern wußten von der Hochzeit. Mir war das sehr recht, denn ich fürchtete, daß einige meiner früheren Freunde sich rächen würden, wenn sie erführen, daß ihr alter politischer Kamerad eine Marokkanerin heiratete. Nach der Trauung gab es eine Feier mit der Familie und ein paar Freunden im Renaissance-Hotel. Das war's. Ich hätte Saida lieber einen rauschenden Hochzeitsball geboten. Aber das war der Preis, den ich für meine Vergangenheit zahlen mußte. Die Wahrscheinlichkeit, daß dort eine Horde Rechtsradikaler mit Baseball-Schlägern erschienen wäre, hielt ich für ziemlich groß.

Ich war mir durchaus bewußt, daß ich mit der Heirat eine neue Verantwortung übernommen hatte. Meine bisherigen Haupteinnahme-Quellen hatten sich durch den Ausstieg erledigt. Nur wenige machen sich offenbar Gedanken darüber, daß Neonazis, die ausstiegen, nicht nur ihr komplettes soziales Umfeld verlieren. Oft ist damit auch die Aufgabe einer beruflichen Existenz verbunden, denn viele der Rechtsradikalen verdienten (und verdienen) ihr Geld bei Unternehmen, die ihr Geld in der rechten Szene machen. Sie verlieren ihren Job am gleichen Tag, an dem sie ihren Ausstieg verkünden. Das Problem wurde sehr oft angesprochen, wenn sich jemand über das Internet bei unserem »Rein«-Verein meldete.

Ich war in der glücklichen Lage, mir die Entscheidung leisten zu können.

10. KAPITEL

Ich hatte mir vieles einfacher vorgestellt, als ich mich zum Ausstieg entschloß. Auch, daß mich die juristischen Nachwirkungen früherer Verfehlungen nicht ganz so hart treffen würden. Schließlich hatte ich mich bereits freiwillig auf den Weg der Besserung begeben. In erster Instanz war ich in einem Falle zu einer Strafe von 2.500 Euro wegen Beleidigung und übler Nachrede verurteilt worden, weil ich zwei Jahre zuvor in einem Fax an Oberbürgermeister Joachim Erwin deutlich gemacht hatte, wie nah wir uns politisch eigentlich standen. Das gefiel ihm aber gar nicht, er zeigte mich an.

Immerhin berücksichtigte der Richter im Berufungsverfahren, daß ich nach meinem Ausstieg eine gute Sozialprognose habe und setzte die Strafe auf 1.000 Euro herab.

Kurioserweise machte mir ein anderes Verfahren Probleme, weil ich OB Erwin bei der Kabarettveranstaltung von Manes Meckenstock in Schutz genommen hatte: Dort hatte ich nur eine Anzeige wegen Hausfriedensbruch eingefangen. Der Berufungsprozeß zog sich hin.

Die Fairness der Presse hielt sich in Grenzen. Es ärgert mich, wenn nach Gerichtsverhandlungen in Zeitungen berichtet wurde, daß der Ex-Ratsherr der rechtsradikalen *Freien Wählergemeinschaft* mal wieder vor dem Richter gestanden habe.

Ich bin niemals Ratsherr gewesent.

Viel Zeit investierte ich in unseren »Rein«-Verein. Auf der Internet-Plattform trafen jede Woche neue Mails ein. Viele Absender benutzten Phantasie-Namen. Wir wußten nie, ob es sich um ernstgemeinte Kontakte handelte oder um Leute, die sich wichtig machen oder einen Spaß erlauben wollten. Ich vermutete, daß einige der angeblichen Aussteiger von der Antifa waren. Sie wollten mal ausprobieren, wie wir reagierten.

Wir boten über die Internet-Plattform Beratung an: »Ausstieg als Einstieg« – nämlich zurück in die Gesellschaft.

Wichtig war uns, daß der Ausstieg im Kopf stattfand. Dazu gehörte natürlich die Ablehnung von Gewalt. Wenn möglich, sollten die Betreffenden in ihrem sozialen Umfeld bleiben. Dazu war es notwendig, daß keine verbrannte Erde zurückblieb. Wir rieten davon ab, andere Rechte zu denunzieren. Das brachte neue Probleme. Zudem: Der Ausstieg war eine persönliche Entscheidung, mit der die »Kameraden« nichts zu tun hatten. Wenn nötig, halfen wir bei der Suche nach einem neuen Job oder einer anderen Wohnung. Aber solche Bitten kamen eher selten.

Meist wollten die Rechten, die sich meldeten, lediglich von uns wissen, wie wir selbst mit unserem Ausstieg zurechtgekommen waren. Manche verloren wir nach ein paar E-Mails wieder. Einige meldeten sich ein paar Wochen später erneut.

Wir verzichteten darauf zu ermitteln, wer sich hinter einer Adresse verbarg. Wer aussteigen wollte, sollte das in jedem Fall freiwillig tun. Jede Art von Druck schadete.

Grundsätzlich akzeptierten wir, daß Aussteiger einfach ein neues Leben beginnen und mit seiner Entscheidung lieber nicht in die Öffentlichkeit gehen wollte. Aber nach eineinhalb Jahren sprachen wir die Ex-Nazis an und fragten, ob sie bereit seien, sich für unseren Verein zu outen. Denn natürlich brauchten wir Öffentlichkeit, damit der Verein wahrgenommen wurde und weiterarbeiten konnte.

Ich war ein politischer Mensch – und das wollte ich auch nach meinem Ausstieg bleiben. Es gab mehrere Angebote, unter anderem von den Grünen in Sachsen, die über Kontaktleute bei mit nachfragten, ob ich bei ihnen nicht eine neue politische Karriere beginnen wollte. Darüber habe ich eine Weile nachgedacht. Aber ich glaubte, daß meine Kontakte in den neuen Bundesländern eher schädlich als nützlich waren. Dort hatte sich eine harte rechte Szene gebildet, die ich für sehr gefährlich hielt und halte. Es gibt Orte, die als »national befreite Zonen« in den Karten der militanten rechten Szene verzeichnet sind. Das finde ich erschreckend. Auf einer Veranstaltung brüsteten sich Nazis mir gegenüber, daß es in ihrem Ort keine Ausländer mehr gebe. Ob das zutraf, konnte ich nicht nachprüfen – von Düsseldorf aus ist es immer noch ein weiter Weg in den Osten. Ich glaube aber, daß es höchste Zeit ist, sich dieses Problems anzunehmen. Sonst entstehen rechte gewaltbereite Gruppen, die nicht mehr zu kontrollieren sind und eine wirkliche Gefahr für die gesamte Gesellschaft werden.

Ich habe zu diesen radikalen rechten Zirkeln in Ostdeutschland nie engen Kontakt gehabt. Und die hassen mich nach meinem Ausstieg, weil sie in mir einen Verräter sehen.

Als Freidenker sehe ich meine politische Heimat bei der einzigen etablierten Partei, die das Wort »Frei« in ihrem Namen trägt.

Darum habe ich Mitte 2002 wieder Kontakt zur Jürgen W. Möllemann gesucht, als der im Rahmen einer Diskussionsveranstaltung in Recklinghausen zu Gast war. Als er im Frühjahr 2003 in München sein umstrittenes Buch »Klartext« vorstellte, war ich dabei. Er nahm sich trotz der zahllosen Journalisten und Kamerateams eine ganze Weile Zeit für mich und schrieb mir eine persönliche Widmung in das Buch. Wir redeten auch darüber, ob und unter welchen Umständen ich mir eine Rückkehr in die Politik vorstellen könnte.

Wenige Wochen später starb Möllemann. Ich habe große Zweifel an der Darstellung, daß er sich das Leben genommen habe. Ich halte es durchaus für möglich, daß er einem raffinierten Mordkomplott zum Opfer gefallen ist, auch wenn die Untersuchungen dafür angeblich keine Beweise erbrachten. Ich habe lange über seinen Tod nachgedacht und kam zu der Auffassung, daß es in der Parteienlandschaft für mich zur Zeit kein Zuhause gibt. Daß selbst eine Freie Demokratische Partei nicht imstande war, einen ihrer herausragenden Köpfe zu integrieren, empfand ich als große Enttäuschung. Mehr noch: Ich komme immer mehr zu der Überzeugung, daß die Macht der Parteien der Demokratie schadet. Wenn Bundestagsabgeordnete, die nach dem Grundgesetz ihrem Gewissen verpflichtet sind, wie bei der Abstimmung zu den neuen Sozialgesetzen mit unglaublichem Druck auf Linie gebracht werden, erinnert mich das an verflossene Zeiten.

Vielleicht bin ich wegen meiner Vergangenheit besonders sensibilisiert. Ich habe mich mit den Methoden der NSDAP intensiv beschäftigt.

Ich glaube, daß es in unserer Gesellschaft viele unsichtbare Barrieren gibt, die verhindern, daß Menschen zueinander finden und ihre Gedanken austauschen. Wir sind voll mit Vorurteilen und oft auch zu bequem, uns mit Andersdenkenden auseinander zu setzen. Uns ist ein Stück Diskussionskultur verlorengegangen, die zur Basis der Demokratie gehört. Darum erwäge ich, einen Kreis der »Freidenker« zu gründen. Dort soll es keine verbotenen Gedanken geben. Wenn die Tür geschlossen ist, kann jeder in der Gewißheit seine Meinung äußern, daß sie ihm später nicht vorgehalten wird. Schon gar nicht soll jemand, für das was er denkt, lächerlich gemacht werden. Ich wünsche mir mehr Offenheit und Respekt für die Meinung des anderen. Letztlich gibt es nichts Langweiligeres als ausschließlich mit Menschen zu reden, die der gleichen Meinung sind. Daß es auch Freude macht, sich mit politischen Gegnern und ihren Argumenten zu beschäftigen, sollte wieder stärker ins Bewußtsein rücken. Und daß jemand, der anders denkt, darum kein schlechter Mensch ist, sollte auch als Prinzip hingenommen werden.

Ich habe den Eindruck, daß es vor allem bei den gebildeten Linken eine Einfalt auf hohem Niveau gibt. Dabei finde ich ärgerlich, daß gerade Menschen, die sich zu Freiheit und Toleranz äußern, oft sehr leichtfertig über andere urteilen. Viele Rechtsradikale, gerade aus dem Skinhead-Umfeld, hatten niemals die Chance, sich mit Themen wie Gedankenfreiheit oder Gleichberechtigung zu beschäftigen. Darum sehe ich es eher als eine Aufgabe der besser Gebildeten, auf die Gruppen am rechten Rand unserer Gesellschaft zuzugehen. Und nicht umgekehrt.

Für solche Begegnungen möchte ich gern ein Forum schaffen.

Dabei sollen die Themen völlig frei gewählt werden können, Politik, Behinderten-Sex oder Fußball – alles ist möglich.

Ich bin der Überzeugung, daß man sich auch mit abwegigen Gedanken beschäftigen muß, um dagegen argumentieren zu können. Für mich ist heute nicht mehr wichtig, ob jemand links, rechts oder irgendwo dazwischen steht. Mir sind Menschen, die eine eigene Meinung haben – auch wenn sie nicht die meine ist –, lieber als solche, die ihr Fähnchen nach dem Wind hängen. Denn nur mit denen kann man argumentieren und sie vielleicht auch überzeugen.

Die fehlende Diskussions-Kultur hat mit Sicherheit auch dazu beigetragen, daß eine militante rechte Szene überhaupt entstanden ist. Inwieweit das auch linksaußen eine Rolle gespielt hat, vermag ich nicht zu sagen. Ich bin zu jung, um beurteilen zu können, was sich damals wirklich abgespielt hat. Und dem, was die Medien uns auftischen, stehe ich sehr kritisch gegenüber. Ich halte es für durchaus denkbar, daß viele Berichte und Reportagen einseitig oder sogar manipuliert sind. Nach meinen Erfahrungen halte ich es für denkbar, daß Verbrechen wie das Schleyer-Attentat hätten vermieden werden können, wenn mit den Menschen, die später zu Terroristen wurden, geredet worden wäre. Darum halte ich es auch für wichtig, daß es ein Forum gibt, wo niemand niedergeschrien wird, wenn er eine abweichende Meinung äußert.

Ich hoffe, auch mit diesem Buch Menschen dazu zu bringen, miteinander zu reden.

Ich selbst habe mir seit meinem Ausstieg viel Zeit dafür genommen, mich mit anderen Kulturen und Religionen zu beschäftigen. Gemeinsam mit Saida habe ich die älteste Synagoge in Europa in Prag besucht, bin im ehemaligen Konzentrationslager Dachau gewesen und beschäftigte mich mit dem Buddhismus. Faszinierend fand ich besonders die gigantische Tempelanlage, die wir in Thailand besuchten. Die Mönche gehen freundlich auf jeden zu, der hereinkommt. Ich habe selten Menschen gesehen, die so ausgeglichen wirkten und das ausstrahlten, was ich mir unter Weisheit vorstellte.

Sobald ich die Zeit dazu finde, werde ich mich mindestens einen Monat lang zur Meditation in einen buddhistischen Tempel zurückziehen.

Über vieles brauche ich nicht mehr nachzudenken. Mein größter Wunsch ist es, eine Familie zu gründen. Saida und ich wünschen uns ein Kind. Und ich habe die Hoffnung nicht aufgegeben, daß es noch zu einer Aussöhnung mit ihrer Familie kommt. Ihre Mutter und die Schwestern haben sich längst damit abgefunden, daß Saida mit einem Christen verheiratet ist. Aber die Männer in ihrer Familie lehnen nach wie vor jeden Kontakt mit uns ab. Wenn das Zusammenleben von Christen und Moslems schon im Kleinen scheitert – wie soll es dann im Großen funktionieren?

Stolz bin ich natürlich auf meine Hunde. Denn die haben mich zu einem der erfolgreichsten Boxer-Züchter Deutschlands gemacht. Mein Rüde In-Petto und meine Hündin In-Saida haben beide Weltsiegertitel gewonnen, und wenn wir Hunde-Nachwuchs haben, verschwende ich keinen Gedanken an Politik. Es gibt auch ein anderes Leben.

Ich bin auf dem besten Weg, mir den Wunsch zu erfüllen, den ich seit Jahren hatte: nämlich ein ganz normales Leben zu führen.

Aber es gab auch Rückfälle.

Am Rosenmontag 2003 kamen zwei meiner Hundesportfreunde nach Düsseldorf, um mit uns Karneval zu feiern. Ich hatte bestimmt ein Jahr lang keinen Alkohol mehr getrunken und war sehr schnell über den gefährlichen Punkt hinaus. Ich weiß nur noch, daß jemand während des Umzuges versuchte, Saida anzufassen. Da rastete ich aus.

Das nächste, woran ich mich erinnere, war ein Raum, den ich schon von früher kannte, aber lange nicht mehr gesehen hatte: Es war die Ausnüchterungszelle im Polizeipräsidium, wo gemeinsam mit mir noch etwa 30 andere Gestalten ihren Rausch ausschliefen.

Zwei Typen machten mich ziemlich nervös. Sie vertrieben sich die Zeit mit Schattenboxen, was ziemlich hektisch war und nicht zu meiner Gemütslage paßte. Ich schrie: »Aufhören, hinsetzen und Ruhe.« In der Zelle wurde es still, und ich konnte noch eine Stunde die Augen zumachen.

Offenbar hatte ich bei der Polizei gute Freunde. Denn mein Kurzbesuch im Präsidium wurde auch von der Tagespresse gewürdigt. Ich hatte keine Ahnung, wer den Journalisten das gesteckt hatte. Letztlich war es mir auch egal. Wer ehrlich sein will, muß auch zu den Böcken stehen, die er geschossen hat. Und eine Ausnüchterungszelle ist in jedem Fall eine interessante Erfahrung.

Politisch gab es keinen Rückfall, und das soll auch so bleiben!

Ich habe auch das in Ordnung gebracht, was mir die Zweifler vorwarfen. Mein Großvater ist nicht mehr Gesellschafter des rechten Musikverlages. Das gesamte Unternehmen hat mit mir und meiner Familie nichts mehr zu tun.

Zwei Jahre lang bemühten sich Peter Kern und ich, den »Hamlet«-Film nach Düsseldorf zu holen. Im Januar 2004 klappte es endlich. Der Film sollte nicht irgendwo gezeigt werden, sondern in der Lichtburg an der Königsallee – drei Wochen lang. Im Anschluß sollte eine Podiumsdiskussion stattfinden, an der unter anderem der Kulturdezernent Hans-

Heinrich Grosse-Brockhoff und die ehemalige Pen-Vorsitzende Ingrid Bachér teilnehmen wollten.

Daß meine Freunde von der Antifa sich melden würden, hatte ich vermutet. Tage vor der geplanten Aufführung richteten sie einen Offenen Brief an den Kinobetreiber und forderten, daß der Film abgesetzt würde, um mir keine Möglichkeit der Selbstdarstellung zu geben. Gleichzeitig wurde gedroht, auch Bambule zu machen.

Es blieb nicht bei dem Brief.

Der Schaukasten, in dem das »Hamlet«-Plakat hing, wurde eingeschlagen, außerdem wurden die Mitarbeiter der Lichtburg massiv bedroht. »Wir wissen, welche Autos ihr fahrt«, riefen die anonymen Anrufer zur Einschüchterung durchs Telefon. Die Leute, die im Kino beschäftigt sind, konnten nichts für den Film. Weil sie aber bald völlig verängstigt waren, entschloß sich die Ufa, den Film abzusetzen, weil man die Sicherheit der Gäste nicht gewährleisten könne.

Anders als Peter Kern, der fuchsteufelswild wurde, konnte ich das Argument nachvollziehen, obwohl ich die Absetzung des Films falsch fand.

Die Aufführung fand dann doch noch wie geplant am 8. Januar 2004 in der Maschinenhalle in Düsseldorf-Flingern statt. Die Halle gehört dem Düsseldorfer Rechtsanwalt Tobias Krumbiegel, der die sie kostenlos zur Verfügung stellte. Stattfinden konnte die Veranstaltung nur mit einem großen Polizeiaufgebot. Die Antifa baute sich am Eingang mit einem großen Plakat auf. »Keine Bühne den Nazis« stand darauf. Immerhin kamen trotzdem rund 120 Leute, um sich den Film anzusehen, und nahmen in Kauf, daß sie von den Linken beschimpft wurden, als sie sich am Plakat vorbeidrängten.

Peter Kern hatte mich im Vorfeld gebeten, nicht zu der Aufführung zu kommen, um eine Eskalation zu vermeiden.

Der Wirbel – übrigens ging sogar die linke *taz* hart mit der Antifa ins Gericht – erzeugte mir mir ein »Jetzt erst recht!«-Gefühl. Die Störenfriede sollten ihr Spektakel haben. Darum organisierte ich bei einem Freund einen 500er Mercedes, der – damit man ihn auch gut sieht – mit Blaulicht ausgerüstet ist. Im nachhinein war das vielleicht keine gute Idee, denn der Wagen wirkte vor allem auf die anwesenden Journalisten eher großkotzig als seriös. Ich gab mir keine besondere Mühe, sympathisch zu wirken – ich wollte ja ehrlich sein.

Nachdem der Film gelaufen war, trat ich ans Mikrofon. Die Fragen, die gestellt wurden, kannte ich schon aus vielen anderen Veranstaltungen. Natürlich ging es auch wieder um den Rechtsrock-Verlag.

Ich erklärte, daß ich alle Kontakte abgebrochen habe. Wer Lust hätte, könne das im Handelsregister gern nachprüfen. Ich könne mit gutem Gewissen behaupten, daß ich seit zweieinhalb Jahren polizeilich nicht mehr bei rechtsradikalen Aktionen in Erscheinung getreten war. Das könne auf Nachfrage der Staatsschutz im Düsseldorfer Polizeipräsidium bestätigen. Wem das nicht genüge, um mir meinen Ausstieg abzunehmen, dem könne ich nicht mehr bieten.

Nachdem ich die Fragen beantwortet hatte, wurde Christoph Schlingensief telefonisch zugeschaltet. Der meinte, daß die Trennung von meinem Rechtsrockverlag vielleicht ein bißchen schneller hätte gehen können, aber er sei davon überzeugt, daß ich mich auf dem richtigen Weg befände.

Das gleiche hatte er ein paar Tage zuvor auch der *taz* erzählt. Allerdings mit der Bemerkung, daß er gar nicht verstehe, warum sich die Leute in Düsseldorf so aufregten. »Der ist doch einer von ihnen.«

Er sehe mich in der konservativ-liberalen Tradition eines Erich Mende – und da kommt er der Wahrheit wohl ziemlich nah. Schließlich, so Schlingensief weiter, sei es anicht die Aufgabe des »Hamlets« gewesen, einen Rechtsaußen in einen linken Revolutionär zu verwandeln.

Das kann ich unterschreiben.

Schließlich gehörte Erich Mende nach wie vor zu den

Menschen, die auf mich nachhaltigen Eindruck gemacht haben. Ich finde, es gibt schlechtere Vorbilder.

Ich glaube, daß das Leben viel mehr von Zufällen bestimmt wird, als es viele wahrhaben wollen. Auf der anderen Seite gibt es Begegnungen, die fast schicksalhaft anmuten. Eigentlich war ich wegen eines ganz anderen Projektes auf der Frankfurter Buchmesse, als mir plötzlich Gerhard Zwerenz über den Weg lief, den ich noch aus meiner wilden Zeit als *Störkraft*-Manager kannte.

Er nahm mich mit zum Stand der Eulenspiegel-Verlagsgruppe und meinte, ich hätte doch eine interessante Geschichte zu erzählen.

»Full Circle«, sagt man im Englischen, der Kreis schließt sich.

Wer bis hierher gelesen hat, mag sich viele Fragen stellen.

Kann man so mit einem dunklen Kapitel deutscher Geschichte umgehen? Darf man ein Thema wie Rechtsradikalismus in Episodenform erzählen? Und überhaupt: Dürfen Nazis Humor haben?

Dazu fällt mir die Geschichte ein, die ich in Berlin erlebte, nachdem der Vertrag für dieses Buch unterzeichnet worden war. An jenem Tag besuchte ein hoher israelischer Politiker die Hauptstadt, es herrschte Sicherheitsstufe 1, den Weg zum Kanzleramt säumte Polizei, der Verkehr in der Innenstadt stoppte. Der Taxifahrer, der uns zum Hauptbahnhof bringen sollte, merkte, daß ich immer wieder auf die Uhr schaute, denn ich wollte den Zug nach Düsseldorf nicht verpassen. Der Mann, der ein bißchen wie Loriot aussah, wollte wohl lustig sein, schaute sich den gigantischen Aufmarsch der Sicherheitskräfte an und meinte: »Naja, die Juden sind bei uns schon immer gut bewacht worden.«

Es gibt verschiedene Möglichkeiten, wie man auf diesen mißlungenen Scherz hätte reagieren können. Viele werden meinen, daß man mit der Judenverfolgung keine Witze machen sollte – eine Position, die ich gut verstehen kann. Dann gibt es andere, die viel lauter schreien als die erste Gruppe und sich aufregen, aber jeden Judenwitz weitererzählen, wenn sie mit einem Kumpel auf der Herrentoilette am Pissoir stehen. Auf der anderen Seite gehört zur Normalität auch, daß man dumme Bemerkungen erträgt.

Ich habe mal einen Rollstuhlfahrer kennengelernt, der mir zu meiner Überraschung erklärte, daß es ihm gar nichts ausmache, wenn jemand Behindertenwitze erzählte. »Wir möchten so behandelt werden wie alle anderen Menschen. Auch Behinderte haben ein Recht auf Verarschung.«

Tun Sie mit dem Buch, was Sie wollen.

Krise der Ultrarechten ist Teil der Krise der Zivilisation

Gespräch mit Dr. sc. Norbert Madloch, Berlin

Sie beschäftigten sich wissenschaftlich seit Jahrzehnten mit Rechtsradikalismus und Rechtsextremismus. Ist das Thema für Sie jetzt obsolet?

Sie wollen bestimmt damit andeuten, daß sich auf diesem Feld nichts mehr tut? Da täuschen Sie sich. Aus der Tatsache, daß das Thema kaum noch in den deutschen Medien reflektiert wird, sollte nicht geschlossen werden, es habe sich erledigt. Viele Vorfälle mit rechtsextremen Hintergrund erlangen seit einiger Zeit nur noch dann publizistische Aufmerksamkeit, wenn man diese nicht mehr unter der Decke halten kann. Der alltägliche Neonazismus und Rechtsextremismus finden medial kaum mehr statt. Vor allem aus den überregionalen Medien ist das Thema weitgehend verschwunden. Dennoch: Es gibt auf diesem Felde keine rückläufige, sondern in neuen Varianten eine spürbare Aufwärtsentwicklung.

Das widerspricht aber allen einschlägigen offiziellen Darstellungen. Der Verfassungsschutzbericht von 2003 etwa vermeldet bei allen rechten Parteien Negativtrends. Allein in den letzten drei Jahren, von 2000 bis 2002, verloren die DVU, die »Republikaner« und die NPD mehr als 20 Prozent ihrer Mitglieder. Man geht davon aus, daß die Zahl der in ultrarechten Parteien und Vereinen Organisierten bundes-

weit inzwischen unter 45.000 gesunken ist, Tendenz: weiter fallend.

Das trifft zu. Zum einen teilen die traditionell extrem rechten Parteien angesichts der grassierenden Politkverdrossenheit das Schicksal aller anderen Parteien. Doch der Ausstieg aus einer rechtsextremen Vereinigung bedeutet nicht zwangsläufig auch einen Ausstieg aus der völkisch-nationalistischen Weltsicht. Wir beobachten seit Jahren eine Verlagerung extrem rechter Aktivitäten.

Nachdem eine Infiltration und Integration in den kulturellen Mainstream – vorläufig – gescheitert ist, suchte man zunächst einen Ausweg in der Erweiterung des Musik-Repertoire vom Hardrock hin zur Aufnahme alter kitschiger Soldaten- und Heimatlieder. Es gibt weiterhin neue bzw. neu aufgewertete Aktionsfelder (New Romantic, nostalgische Germanen- und Keltenverehrung, Neuheidentum, Satanismus usw.) und zum Teil einen Rückzug aus dem öffentlichen Raum.

Weit mehr als in vergangenen Jahren haben in jüngster Zeit Akteure der rechtsextremen Szene – vor allem in Ostdeutschland – Grundstücke und Häuser erworben und ausgebaut. Oft geben sich die neuen Besitzer als scheinbar seriöse Geschäftsleute, ohne ihre bisherige rechtsextreme Geisteshaltung aufgegeben zu haben. So finden jetzt viele Zusammenkünfte, Schulungen, »Feiern« oder Konzerte auf privatem Grund und Boden statt und können nur noch schwerlich verboten werden.

In allen Bundesländern gibt es jetzt eine logistische Struktur in Gestalt einer Vielzahl von Lokalen, Geschäften, in denen rechte Devotionalien, Literatur und Tonträger verkauft werden. Um diese legalen Einrichtungen entwickeln sich Vertriebssysteme, die aktiv genutzt werden – um neue Sympathisanten, »Kunden« und »Geschäftspartner« zu rekrutieren.

Zunehmendes Interesse fand eine Verankerung in lokalen Vereinen. Dabei sind freiwillige Feuerwehren vor allem für neonazistisch gesinnte Kreise interessante Einrichtungen. Aber auch Sportvereinigungen aller Art, Schützen-, Tierschutz-, Hundezüchter-, Heimat- und andere Vereine werden infiltriert. Ihr Vorteil ist die lokale Verankerung. Über solche Wege werden insbesondere Menschen in den kulturell verödeten Dörfern und Kleinstädten angesprochen und gewonnen, die von anderen politische Organisationen mit ihren traditionellen Mitteln nicht mehr erreicht werden. Viele frustierte jüngere Menschen verweigern sich dem tradierten politischen Establishments. Sie halten es gesellschaftlich für wirkungslos und überholt sowie von bürokratischen Strukturen gelähmt etc.

Das heißt: Seit den 90er Jahren vollziehen sich bedeutende Veränderungen in der ultrarechten Kultur und Struktur. Der Trend geht eindeutig weg von bundesweiten Organisationen hin zur Region, zur lokalen Verankerung. Es entwickeln sich gleichsam geschlossene Kreisläufe außerhalb der bislang bekannten politischen Bewegungsformen. Der Rückzug aus öffentlichem Raum ist praktisch eine Abwendung vom traditionellen politischen System und gleichzeitig eine auf neue Art erfolgende Einbindung in das vorhandene gesellschaftliche System. Der gelegentlich dafür verwandte Begriff »salonfähig« ist insofern falsch, als das Leben für die meisten Menschen hierzulande – vor allem in den neuen Bundesländern – nicht in Salons, sondern unter ziemlich bedrückenden Umständen stattfindet.

Skinheads sind also out. Erkennen Sie noch weitere Elemente einer Veränderung in der rechtsextremen Szene?

Ja. Die ultrarechten Ideologen sind in ihrem Bemühungen, eine stärkere eigenständige Intellektualisierung des Rechtsextremismus voranzutreiben und den heutigen Bedingungen anzupassen, gescheitert. An der Basis der Szene und in gewissen Führungsebenen ist man da schneller. Standen jahrzehntelang geschichtsrevisionistische Themen wie die Leugnung des Holocaust oder der Schuld Deutschlands an den beiden Weltkriegen des 20. Jahrhunderts im Vordergrund ultrarechter Aktivitäten, so sind das jetzt soziale Fragen und eine scheinbare Annäherung an Links.

Ohne ihre politischen und ideologischen Grundpositionen aufzugeben oder nur zu verändern, versuchen jetzt Rechtsextreme aller Schattierungen – von den Neonazis bis zur »Deutschlandbewegung« von Alfred Mechtersheimer –, sich der Friedens-, der ökologischen und anderen demokratischen Bewegungen als Trittbrettfahrer aufzudrängen. Skrupellos werden linke Losungen okkupiert, und man kann schon in unseren Tagen junge Neonazis mit bunten Haaren, Piercings und in Hiphop-Hosen sehen. Auch in den Aktionsformen hat sich manches verändert. Mit Hilfe von Verwaltungsgerichten etwa wurden massenhaft neonazistische Aufmärsche durchgesetzt und das Prinzip des »führerlosen Widerstands« praktiziert.

Und was ist mit der Bundeswehr?

Jahrelang standen rechtsextreme Vorfälle in der Bundeswehr im Zentrum des öffentlichen Interesses. Das hat sich verändert, aber nicht gegeben. Natürlich haben alle hierarchisch geordneten Strukturen, in denen das Prinzip der Subordination gilt, eine gewisse Attraktivität für ultrarechts gesinnte Kreise, zumal bekannt ist, das militärische Einrichtungen selbst tendenziell anfällig sind für Militarismus, Nationalismus und Chauvinismus. Gleichwohl hat die Bundeswehr zumindest bei offensichtlichen rechtsextremen Vorkommnissen abwehrend reagiert. Dadurch ist das Interesse in diesen Kreisen an der Bundeswehr nachweisbar zurückgegangen.

Die eine zeitlang kolportierte und vielleicht von einigen rechten Wirrköpfen aktiv verfolgte Idee, die Bundeswehr gleichsam als trojanisches Pferd zur Unterwanderung des bundesrepublikanischen Systems zu nutzen, hat sich für unsere Tage wahrscheinlich erledigt.

Wir haben ein extrem rechtes Potential und eine rechtsextreme Denkungsart, die weit verbreitet sind – man spricht in den entwickelten Ländern des Westens von über 20 Prozent der Bevölkerung. Konnte dieses Potential bislang nur deshalb nicht aktiviert und politisch wirksam gemacht werden, weil es keine charismatische Persönlichkeiten gibt, die es mobilisierten?

Ja und nein. Charisma reicht nicht. Natürlich können einzelne Persönlichkeiten kurzzeitig Massen bewegen – Schill bekam aus dem Stand fast jede fünfte Wählerstimme in Hamburg. Oder Haider in Österreich. Die Zustimmung läßt aber rasch nach, weil die von diesen rechtspopulistischen »Führern« geweckten Erwartungen nicht erfüllt werden und Wähler wie Gefolgschaft sich enttäuscht abwenden.

Das zentrale Problem der extremen Rechten ist nicht das Fehlen von Köpfen, sondern ihre nachgewiesene Unfähigkeit zur Umsetzung ihrer Ideen, zur Organisierung einer entsprechenden Bewegung. Es gibt in ihren Parteien entweder den Trend zur Cliquenwirtschaft oder, wie in der DVU, zur Diktatur. Beides funktioniert auf Dauer nicht. Das politische Personal erweist sich als unfähig, verschiedene Interessen und Intentionen zu bündeln, also geistig-sozialpsychologische Probleme sowohl in der Partei als auch in der Gesellschaft aufzunehmen und systematisch zu bearbeiten.

Mancherorts, etwa in München oder in Dresden, ist man bestrebt, durch parteiübergreifende ultrarechte Bündnisse wie »Demokratie direkt« oder »Nationales Bündnis für Dresden« diesem Dilemma zu entkommen. Bislang sind alle derartigen Vorhaben allerdings gescheitert.

Frankreichs »Front Nationale« scheint anders zu ticken. Die ist unverändert präsent.

Das ist nur oberflächlich so. Auch hier gab es gewichtige Abspaltungen, zum Beispiel die »Mouvement National Republicain« unter Führung des ehemaligen stellvertretenden FN-Vorsitzenden Bruno Megret.

Es gibt noch einen anderen Aspekt, der bei der Organisationsfähigkeit eine Rolle spielt: das Zusammenwirken der unterschiedlichen Generationen. In Deutschland, Österreich und anderen Ländern ist es nicht gelungen, Alte und Junge zusammenzubringen. Diese Generationen verkörpern unterschiedliche Kulturen, Intentionen und Ansprüche. Der Chef der »Front National« (FN), Jean-Marie Le Pen, Jahrgang 1928, hingegen hat das Problem erkannt und im Machtkampf an der Spitze – übrigens eine typische Erscheinung in allen ultrarechten Parteien – auf seine Weise reagiert. Er hat seine 35jährige Tochter Marine, eine Rechtsanwältin und Leiterin der FN-Rechtsabteilung, gegen den Widerstand des katholisch-fundamentalistischen Parteiflügels zu seiner Nachfolgerin erklärt. Sie zieht und bindet die Jungen, er die Altkader und das reifere Klientel. Damit will ich jedoch nicht behaupten, daß die FN anders sei als andere rechtsextreme Parteien.

Mithin: Alle weit rechts angesiedelten Parteien haben ein intellektuelles Problem?

Die traditionellen rechtsextremen Bewegungen und Parteien teilen die Probleme aller Parteien. Wir sprechen seit Jahren von einer Krise der Zivilisation – die Ultraechten sind nicht nur Symptom dieser Krise, sondern selbst von dieser Krise betroffen. Das erklärt auch ihre schwindende Akzeptanz.

Was verstehen Sie unter der »Krise der Zivilisation«?

Seit der Großen Französischen Revolution von 1789 streben wir nach Freiheit, Gleichheit und Brüderlichkeit. In der

Moderne heißt das: Ausgleich von Interessen in der Gesellschaft und Schutz der individuellen Menschenrechte, Herstellung also einer durch und durch zivilen Gesellschaft.

Doch die dafür geschaffene Basis, die Demokratie, wird fortgesetzt zerstört, indem egoistische Gruppeninteressen mit Hilfe von Geld, Macht und Einfluß scheinbar demokratisch durchgesetzt werden. Die materielle und ideelle Sicherheit des Einzeln wird zu einer Privatangelegenheit gemacht. Der Staat mit all seinen Institutionen – schon immer Instrument in der Hand der herrschende Kaste – setzt sich im vermeintlich höheren Interesse über Freiheits- und Bürgerrechte hinweg. Der Einzelne ist nichts, das Gemeinwohl alles. Wir alle müssen den Gürtel enger schnallen, heißt das. Und: Im Kampf gegen den Terror ist alles erlaubt. Sogar ein Polizei- und Überwachungsstaat, der – ausgestattet mit allen technischen Möglichkeiten des 21. Jahrhunderts – alles in den Schatten stellt, was jemals in dieser Richtung auf der Erde existierte.

Es erfolgt nicht nur eine Globalisierung der Wirtschaft, sondern auch der Gewalt. Kriege und Bürgerkriege breiten sich aus und löschen ganze Gesellschaften aus. Der Genozid gehört längst konstitutionell zu den Instrumenten des religiösen Fundamentalismus und des ethnischen Totalitarismus.

Über Jahrhunderte bestimmte die Gesellschaft die Rahmenbedingungen der Wirtschaft und garantierte quasi den inneren Frieden des Marktes. Heute entscheiden partikulare Interessen wirtschaftlicher Macht über alle Formen des sozialen Lebens bis ins Detail des individuellen Alltags. Das uneingeschränkte Gewinnprinzip der neoliberalen Wirtschaftsauffassung mündet in letzter Konsequenz in eine Aufforderung zur physischen Gewaltanwendung. Das ist das Ende der Zivilisation, das ist Barbarei.

Das ist so, ja. Worin aber besteht die Krise?

Aus dem objektiven Konflikt zwischen dieser Realität und dem geistigen Überbau – Politik, Medien, Wissenschaft, Beamtenapparat –, der unverändert weitermacht, als hätten sich die Rahmenbedingungen inzwischen nicht radikal verändert. Man versucht Symptome zu mildern, statt die Ursachen zu bekämpfen.

Diese Unfähigkeit und Hilflosigkeit teilt sich zunehmend dem Publikum mit. Und dieses kehrt dem Staatszirkus resigniert den Rücken. Das Vertrauen ist dahin. Die sinkende Wahlbeteiligung ist dafür beredter Ausdruck.

Diese Art der Verweigerung ist noch ein aktiver Vorgang. Weit verbreitet scheinen Resignation, Ohnmacht und Apathie.

Das trifft zu. Und zwar auf allen Ebenen. Daran erkennt man doch, wie tief diese Krise ist. Niemand – keine Gruppe, keine Bewegung, keine Partei – hat eine Lösung, wie man aus dieser globalen Krise herauskommt. Denn kaum einer wagt, das eigentliche Übel beim Namen zu nennen: Das war und ist das Eigentum und seine mehr als ungerechte Verteilung. Das aber haben inzwischen selbst die Superreichen und multinationalen Konzerne begriffen: Die Märkte schrumpfen und die Rohstoffe schwinden. Das Kapital, das sie angehäuft haben, läßt sich zunehmend schlechter verwerten oder gar vermehren.

Natürlich trifft es zu, daß sehr viele Menschen hierzulande mutlos geworden sind, weil sie angesichts der zementierten Verhältnisse keinen Ausweg und keine Perspektive für sich und für ihre Familie sehen.

Gleichwohl, und das haben auch die Rechten erkannt, sind die Haltungen in West- und in Ostdeutschland durchaus verschieden. Die Ostdeutschen sind wegen ihrer Herkunft geistig-politisch nicht nur trainierter und auch im Kopf ein wenig mobiler als ihre Landsleute, sie haben auch die persönliche Erfahrung voraus, wie sich ein politisches System in seiner Endphase verhält. Die flächendeckende geistige Verödung als Folge des Tittitainments ist zwangsläufig nach einem halben Jahrhundert wirksamer als nach anderthalb Jahrzehnten.

Darum: Im Osten läßt sich rekrutieren, dort finden noch originelle Ansätze statt. In Frankfurt/Oder bepflanzten Neonazis eine wüste Fläche in einem Neubaugebiet (sinnigerweise mit Rotbuchen) - und verkauften dies erfolgreich als ökologischen Beitrag. Oder man kümmert sich rührend um Senioren in Altenheimen. Das ist schon erstaunlich.

Das mag sein, doch bei aller Sympathie für die Ostdeutschen: Um soviel besser scheinen sie auch nicht trainiert zu sein und darum nicht minder anfällig für rechte Parolen - die Zahlen widersprechen dem. Zu Beginn der 90er Jahre lag die Ausländerfeindlichkeit bei etwa 20 Prozent. Jetzt geht man davon, daß inzwischen jeder zweite Ostdeutsche fremden- und ausländerfeindlich ist.

Zunächst bestätigt das, was ich eingangs schon feststellte: Es gibt tendenziell keine Ab-, sondern eine Zunahme bei rechtsradikalen Einstellungen. Und wir wissen, das Stimmungen - die ja nicht unbedingt immer manifeste Überzeugungen darstellen - mit Alltagserfahrungen und -beobachtungen korrespondieren. So glaube ich im Unterschied zu anderen nicht an eine dramatische Zunahme des Antisemitismus - der ja angeblich von 15 auf 60 Prozent gestiegen sei. Darin artikuliert sich die Ablehnung der Politik des israelischen Staates gegenüber den Palästinensern und den Arabern. Aus der unzulässigen Gleichsetzung der heutigen Politik des Staates Israel mit dem Judentum wird ein Zuwachs an Antisemitismus unterstellt

Nachdrücklich wies der prominente israelische Friedensaktivist Uri Avnery erst Ende Januar 2004 in der *taz* darauf hin, daß jemand, der die gegenwärtige Politik Israels kritisiert, auf keinen Fall »des Antisemitismus verklagt werden« kann.

Der Kanon der Ursachen für Fremdenfeindlichkeit ist bekannt: Arbeitslosigkeit, soziale Konkurrenz, Perspektivlosigkeit, Sozialneid, gesellschaftliche Hackordnung, Verdrängungswettbewerb. Richard Stöss, ein bekannter Rechtsextremismusforscher an der Berliner Freien Universität, macht schon seit Jahren darauf aufmerksam, daß man in den Analysen von Fremdenfeindlichkeit genauer zwischen einem ethnisch begründeten Rassismus und einer sozialen Konkurrenz um die knappen Arbeitsplätze differenzieren muß. Leider geschieht das in den wenigsten Publikationen zum Thema.

Zum anderen hat Ostdeutschland andere Nachbarn im Osten als Westdeutschland. Die Osterweiterung der Europäischen Union, die etwa mit Polen praktisch schon lange erfolgt ist, verschärfte und verschärft die ohnehin seit 1990 bestehenden sozialen Probleme im Osten Deutschlands.

Ist das ein Plädoyer gegen Europa?

Keineswegs. Auch wenn ich etwa in den baltischen Republiken, in Polen, Slowenien oder in Kroatien starke nationalistische, also ultrarechte Tendenzen sehe, auch wenn dramatische soziale Verwerfungen zu befürchten und derzeit keine wirksamen Instrumente zu erkennen sind, mit denen diese Probleme beherrscht werden sollen, plädiere ich als Extremismusforscher für ein möglichst umfassendes demokratisch strukturiertes Europa. Diese Einbindung ost- und südosteuropäischer Länder kann zu einer Relativierung des gefährlichen völkischen Nationalismus führen. Und die EU besitzt dafür durchaus Druckmittel, die sie etwa bei der Türkei in bezug auf die allseitige Durchsetzung Menschenrechte erfolgreich einsetzt.

Glauben Sie wirklich, daß die Europäische Union einen Beitrag zum Zurückdrängen von Rechtsextremismus, Fremdenfeindlichkeit und Antisemitismus leisten kann? Ökonomi-

scher Druck wird dann von den Großen in der EU ausgeübt werden – und die sind nicht minder anfällig für solche geistigen Verwirrungen?

Das ist nicht von der Hand zu weisen. Doch Geschichte ist nach vorn offen, man sollte sich also davor hüten, alle negativen Erfahrungen in die Zukunft zu projizieren. Es gibt keinen Automatismus bei der Entwicklung – im Negativen wie im Positiven. Wie nicht grundsätzlich ausgeschlossen werden kann, daß die Osterweiterung die sozialen Probleme verschärft und die Rechtsextremen mit ihren doppelbödigen Parolen vom Europa der Vaterländer Zuspruch erfahren können, kann ebenso unterstellt werden, daß die urdemokratische Tradition – daß nämlich die kollektive Weisheit mehr ist als nur die Summe individueller Klugheit – sich Bahn bricht.

Im übrigen stand in Europa die Wiege der Aufklärung. Von Europa gingen immer Impulse für die Weltpolitik aus. Hier fand im Kalten Krieg Entspannung statt, in der Zeit der Blockkonfrontation handelten 35 Staaten eine Schlußakte der Konferenz für Sicherheit und Zusammenarbeit aus, hier regte sich am stärksten der Widerstand gegen die Großmachtpolitik der USA in bezug auf den Irak ...

Also ich bin da nicht ganz so pessimistisch, auch wenn ich den religiösen Fundamentalismus z. B. der amerikanischen Großkirchen derzeit für die Demokratie mindestens für genauso bedrohlich halte wie den Rechtsextremismus. Das ist der vermeintliche Versuch, den Teufel mit dem Beelzebub auszutreiben.

Gespräch: Frank Schumann

Torsten Lemmer 1974, und als Rockabilly 1985 und '87

Mit »Kamerad« Jörg am Kriegerdenkmal, 1987

Skinheads-Treffen mit SS-Rune und Hitlergruß

Per Flugblatt wurde am Wochenanfang in Düsseldorf zu einem Skinheads-Treffen in einem Lokal in der Düsseldorfer Altstadt eingeladen. In den Vervielfältigungen waren die Buchstaben „ss" von Düsseldorf in der Form von SS-Runen geschrieben. Die Düsseldorfer Polizei überprüfte die Gaststätte in der Nacht zum Mittwoch. Eintreffende Personen wurden von den Anwesenden mit dem „Hitlergruß" empfangen, der nach Mitteilung der Polizei von den Skinhead-Mitgliedern auch erwidert wurde. Die Texte deutschsprachiger Platten, die während dieser Zeit gespielt wurden, veränderten die Gäste in übler, volksverhetzender Form.

Bei der Durchsuchung von etwa 20 Gästen konten die Beamten drei Gaspistolen, einen Totschläger, eine Tränengas-Sprühdose und einen Tränengas-Schlagstock sicherstellen. Gegen die Mitglieder der Skinheads werden Ermittlungsverfahren wegen Volksverhetzung und Verbreiten von Propagandamitteln verfassungswidriger Organisationen eingeleitet. Die im Lokal gefundenen Flugblätter mit den Runenzeichen wurden ebenfalls sichergestellt. **alf**

»Rheinische Post«, 16.4.1987

Journalistischer Nachwuchs? Mit viel Ideologie – Seminar der Landesjugendpresse

LANDESJUGENDPRESSE
Nordrhein-Westfalen e.V. Seit 1952

Torsten Lemmer · Rybnikerstraße 21 · 4000 Düsseldorf 12

An alle Mitglieder

Freunde und

Interessenten der Landesjugendpresse NRW e.V

Düssedlorf, im Mai 1988

Betr.: Das Buch "DER FALL DEMJANJUK"

Liebe Kolleginnen und Kollegen,

um die Diskosion in der öffentlichkeit, über den Fall Demjanjuk auch innerhalb unseres Verbandes zu aktivieren, senden wir Euch anbei das Buch des ehm.Stern Reporters Hans-Peter-Rullmann ""DER FALL DEMJANJUK", erschienen im VERLAG FÜR GANZHEITLICHE FORSCHUNG UND KULTUR.
Wir bitten Euch dieses Buch im Rahmen Eurer publizistischen Tätigkeit vorzustellen(besprechen().

"WIR MEINEN, DAß JEDER JOURNALIST ÜBER EIN THEMA NUR DANN SCHREIBEN SOLLTE, WENN ER VON ALLEN SEITEN INFORMIERT IST".(Torsten Lemmer)

MITGLIEDERWERBEAKTION 88

Jedes Mitglied, daß drei weitere Mitglieder dieses Jahr wirbt, bekommt den Mitgliedsbeitrag für das Jahr 89 erlassen, wenn jemand fünf Mitglieder wirbt, kann er zusätzlich kostenfrei ein Seminar von uns oder Europaen jung journalist organizationе.V besuchen .
Unterlagen in der Landesgeschäftsstelle.

mit kollegialem Gruß

, Landesvorsitzender

VEREINIGUNG JUNGER JOURNALISTEN
BANKVERBINDUNG: Stadt-Sparkasse- Bad Oeynhausen BLZ 490 512 85 K-Nr.6500391

ÖS 16,–/DM 2,–

Appell

Die Alternative!

Meinungsfreudig/Unabhängig

Das deutsche Jugendmagazin

Interview
mit
Prof. Emil Schlee
und
Dr. Herbert Gruhl

„Gastartikel"
von Prof. Dr.
Klaus Weinschenk

Berichte
vom
Bundesparteitag
der Republikaner
und
von der boot '88 –
Düsseldorf

20

4. Jahrgang

Symbole der Einheit und Teilung Deutschlands: Das Brandenburger Tor (1788-1791 von Carl Gotthard Langhans erbaut) und die Mauer mitten durch Berlin (am 13. August 1961 vom SED-Regime errichtet).

Geistige Väter?
Lemmer mit Roland Bohlinger, Chef des Verlags für ganzheitliche Forschung und Kultur, und Freundin Anja, 1988

Bei einem Vortrag von NATO-Konteradmiral Günter Poser, stellvertretender Bundesvorsitzender der Republikaner, 1988

Herbert Czaja, CDU-MdB und Vorsitzender des Bundes der Vetriebenen

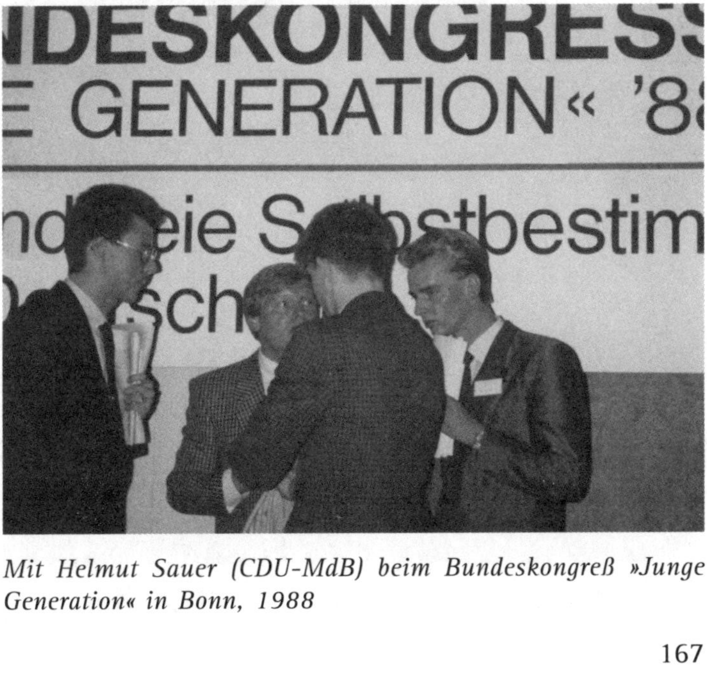

Mit Helmut Sauer (CDU-MdB) beim Bundeskongreß »Junge Generation« in Bonn, 1988

Landesjugendpresse NRW: der geschäftsführende Vorstand, v.l. Anja Klasen, Torsten Lemmer, Jürgen Peetz, Daniela Schneider

»Deutschland zuerst« – Wahlkampf für die Republikaner

Eine »bessere« Partei muß her: Gründung der »Freiheitlichen Volkspartei« in Düsseldorf, 1989

... und dann zieht man in den Wahlkampf

Hooligan, 1991

Mit seinem »politischen Ziehvater« Kurt Winter

Alkohol ist ständig im Spiel

Ein rechtes Diskussionsforum, zeitweise von Torsten Lemmer herausgegeben

Bundeswehrabschied 1989

kinder not hilfe düsseldorfer landstraße 180 · 4100 duisburg 28

Herrn
Thorsten Lemmer
Derendorfer Str. 64

4000 Düsseldorf

Duisburg, den 2. 7. 1991
Frau Piepers
Durchwahl: (0203) 7789 - 130

Sehr geehrte r Herr Lemmer !

Sie haben aufgrund der Auflage ~~der Staatsanwaltschaft/~~ des Amtsgerichtes/ ~~des Finanzamtes/ des Hauptzollamtes~~ Düsseldorf

Aktenzeichen 138 Ls/718 Js 233/90

den Betrag von DM 2.000,--
an unsere Einrichtung gezahlt. Herzlichen Dank.

Auflage des Amtsgerichts zur Zahlung einer Geldstrafe wegen schwerer Körperverletzung

Prof. Emil Schlee, Mitglied des Europäischen Parlaments über die Liste der Republikaner, Ex-CDU, 1992

Eine neue Fraktion im Düsseldorfer Rathaus

Geschäftsfeld Rechtsrock: Störkraft-Sänger Jörg Petritsch, 1993

Pogo-Party

»Blut und Ehre rettet unsere Rasse.« Die netten Jungs von Störkraft

Skin-Konzert

Düssel draht

Berichte aus der Fraktion FREIE WÄHLERGEMEINSCHAFT im Rat der Landeshauptstadt Düsseldorf

Ausgabe 7/8 92 Auflage: 10.000

Hausdurchsuchung bei der FWG-Fraktion erfolglos

Am Vormittag des 4.Juni wurden die Fraktionsräume der FREIEN WÄHLERGEMEINSCHAFT –FWG– von der politischen Polizei, hier KHK Mainz und Busse (beide 2.Präsidialbüro), und dem Staatsanwalt Brachthäuser in Begleitung eines Mitarbeiters der Ausländerbehörde, Herr Zaremba, wegen des Verdachtes der Volksverhetzung und Verleumdung, durchsucht.

Sie waren auf der Suche nach einem von Unbekannten verfaßten „Merkblatt" mit Verhaltensvorschlägen für die Anwohner von Asylbewerber-Heimen, wurden aber nicht fündig.

Dazu Torsten Lemmer, Geschäftsführer der FWG–Fraktion: „Man fühlt sich an Stasi–Methoden erinnert. Die Durchsuchung hatte nur den Zweck, die einzige fundamentale Opposition im Rat der Stadt einzuschüchtern. Einmal mehr zeigt dieser Vorfall, wie wichtig es ist, daß Düsseldorfs Polit-Cliquen das Handwerk gelegt wird und somit der Klüngel ein Ende hat."

Die Fraktion der FREIEN WÄHLERGEMEINSCHAFT hat gegen diese absolut erfolglose Durchsuchung beim Polizeipräsidenten protestiert.

Nachforschungen auch bei Geschäftspartnern der FWG-Fraktion

Nach der Hausdurchsuchung in den Geschäftsräumen der FWG-Fraktion, ist auch das Satzstudio, dem die FWG-Fraktion ihre Aufträge erteilt, von der Polizei besucht worden. Die Befragung verlief ebenfalls erfolglos.

Der Geschäftsführer der FWG-Fraktion Torsten Lemmer zu diesem Vorfall: „Die Kampagne gegen die FWG-Fraktion zieht immer weitere Kreise. Nun wird schon versucht, die Fraktion der FREIEN WÄHLERGEMEINSCHAFT bei ihren Geschäftspartnern zu verunglimpfen. Doch auch solche Machenschaften werden im Sande verlaufen. Die FWGFraktion ist jetzt noch stärker als bisher gezwungen, den Bürger aufzuklären."

Neben den Geschäftsräumen und dem Satzstudio der FREIEN WÄHLERGEMEINSCHAFT ist auch die Hausdruckerei der FWG-Fraktion von der Polizei durchsucht worden.

T.L.

Herbert Zaunbrecher, Kritisiert die Durchsuchungen

FWG lehnt Schuldenhaushalt '92 ab. Seite 4

Meinungen

Parteienfront gegen FWG

Man hat sich ja daran gewöhnt, daß der Einheitsbrei der „etablierten" Ratshanseln von CDUSPDGRÜNERFDP mit ausfallenden Bemerkungen die Wortbeiträge der einzigen fundamentalen Oppositionskraft in Düsseldorf zu stören versucht. Die letztes Jahr angekündigte sachliche Auseinandersetzung mit der Opposition findet nicht statt.

Kann auch nicht. Ganz im Gegenteil, es wird immer nur versucht, mit unpolitischen Mitteln die FWG totzuschweigen und zu verleumden. Argumente fallen aus; vielleicht aufgrund geistiger Defizite?

Die Presse spielt bei diesen Machenschaften eine unkritische und zunehmend unrühmliche Rolle. Sie bläst in dasselbe Horn, um weiter ihre „guten Kontakte" zu pflegen. Ausnahmen bestätigen jedoch auch hier die Regel.

Jetzt muß man meinen, diese unselige Parteienfront hätte damit ihr Petto voll ausgeschöpft, aber nein, weit gefehlt! Jetzt geht's erst richtig los: Hausdurchsuchugnen durch Staatsanwaltschaft und Polizei bei der FWG und deren Geschäftspartnern. Nur gefunden wurde nichts. Aber auch das Ziel der EINSCHÜCHTERUNG hat nicht geklappt.

Ihre Lügen und Verleumdungem sind unsere Kraft, deshalb weiter

SCHLUSS MIT DEM KLÜNGEL

Torsten Lemmer

Geschäftsführer der Fraktion FREIE WÄHLERGEMEINSCHAFT im Rat der Landeshauptstadt Düsseldorf

Das Hetzblatt der Fraktion

Freie Wählergemeinschaft
FWG
Ratsfraktion Düsseldorf

Düsseldorf, den 04. 6. 92

P R E S S E M I T T E I L U N G

Erstmals in der Düsseldorfer Rathausgeschichte:

HAUSDURCHSUCHUNG BEI DER FWG- FRAKTION IM RATHAUS

Am Vormittag des 4.Juni wurden die Fraktionsräume der FREIEN WÄHLERGEMEINSCHAFT -FWG- von der politischen Polizei, hier KHK Mainz und Busse(beide 2.Präsidialbüro), und dem Staatsanwalt Brachthäuser in Begleitung eines Mitarbeiters der Ausländerbehörde Herr Zaremba, wegen des Verdachtes der Volksverhetzung und Verleumdung, durchsucht.

Sie waren auf der Suche nach einem von Unbekannten verfaßten "Merkblatt" mit Verhaltensvorschlägen für die Anwohner von Asylbewerber-Heimen, wurden aber nicht fündig.

Dazu Torsten LEMMER, Geschäftsführer der FWG-Fraktion:
"Man fühlt sich an Stasi-Methoden erinnert. Die Durchsuchung hatte nur den Zweck die einzige fundamentale Opposition im Rat der Stadt einzuschüchtern.
Einmal mehr zeigt dieser Vorfall wie wichtig es ist, daß Düsseldorfs Polit-Cliquen das Handwerk gelegt wird und somit der Klüngel ein Ende hat."

Die Fraktion der FREIEN WÄHLERGEMEINSCHAFT wird gegen diese absolut erfolglose Durchsuchung beim Polizeipräsidenten protestieren.

Verantwortlich: Stefan Königl

Rathausufer 8, II. Obergeschoß (Nähe Schloßturm) Telefon (0211) 899-3229 u. 134705 Telefax (0211) 325642 Fraktionskonto: Stadt-Sparkasse Düsseldorf, Konto-Nr. 14010342, Bl Spendenkonto: Stadt-Sparkasse Düsseldorf, Konto-Nr. 14010359, Bl

Jeden Monat Neu!

Moderne Zeiten

Das KetzerBlatt für Musik und Trends einer neuen Generation
Nr. 2, Mai 1993, Einzelpreis DM 2,--

Wir sind wieder da! "Störkraft"

Die Zeit nach dem Presserummel
Alle gegen Störkraft, oder ...?

Moderne Zeiten: Zu Beginn direkt eine provozierende Frage: Sind Störkraft jetzt die neuen Onkelz?

Störkraft: *Diese Frage ist durchaus provokativ. Erstens waren wir nie die Onkelz und zweitens werden wir auch nie die Onkelz sein. Ganz einfach: wir sind besser. Außerdem ist es für uns eine Schmach, immer mit den Onkelz verglichen zu werden.*

Moderne Zeiten: Warum seit Ihr nicht weiterhin Euren alten Weg gegangen und inwiefern habt Ihr Euch von außen beeinflussen lassen, mit Euren neuen Liedern moderatere Töne anzuschlagen? Welche Wandlung hat sich bei Euch vollzogen?

Störkraft: *Ich will es mal so sagen, die Sache, die wir vorher gemacht haben, da waren wir 18, 19, 20 Jahre alt. Heute sind wir eben älter geworden und sehen die Sache halt mit anderen Augen, und darüber handeln dann auch letztendlich unsere Texte. Die Musik kommt aus dem Bauch - damals und heute. Wir werden immer das machen, was wir meinen, egal was kommt.*

Moderne Zeiten: Könntest Du mal kurz die Vorgeschichte erzählen, wie es zu der Bemerkung mit dem »verdammten Glatzenpack« gekommen ist?

Störkraft: *Ganz einfach: Konzerte mit Schlägereien. Alkoholleichen, Sachschäden, Siegheil-Schreier bei Lieder gegen Drogen, für Freundschaft usw. Zerstörte Klos und Hallen, alles das hat mich dazu veranlaßt, dies zu sagen. Was ich letztendlich auch nicht abstreite.*

Fortsetzung auf Seite 2

Was uns nicht umhaut ...

Wie versprochen: vier Wochen sind ins Land gezogen, wir waren fleißig und haben keine Kosten und Mühen gescheut, um Euch ein aktuelles und vor allem informatives Heft zu bieten. In der vorliegenden Nr. 2 haben wir die Schriftgröße zwei Punkte kleiner gewählt, um noch mehr Inhalt zu ermöglichen.

Kaum hatten wir unser erstes Heft versandt, brach es über uns herein wie eine Lawine: Unmengen von Briefen, Lob, Zuspruch und Ermunterungen unsere Arbeit fortzusetzen.

Bereits nach unserer ersten Ausgabe steht fest, die MODERNEN ZEITEN wurden von Euch nicht nur akzeptiert, sie wurden von Euch geradezu als Sprachrohr gefordert.

... macht uns hart!

In diesem Sinne

Andreas Zehnsdorf

Kurz & Bündig

Kurze Meldungen +++ Am 12. Mai 1993 wird vor dem Amtsgericht in Itzehoe der Prozeß gegen **Kraftschlag** eröffnet. Diese Gelegenheit wird die politische Gegenseite wieder dazu nutzen, um gegen **RECHTS** mobil zu machen. Weiterhin war zu erfahren, daß die Jungs schon wieder einige brandneue Lieder fertiggestellt haben. **Kraftschlag** hatten unterdessen einige bandinterne Schwierigkeiten, da Sänger Jens hin und wieder der Presse einige Interviews gab, ohne dies mit der Band vorher abzusprechen +++ **Radikahl** aus Nürnberg haben sich nach ihren Prozeß vorläufig aufgelöst. Ihre zweite LP **Finde Deinen Weg** wird nichtsdestotrotz im Laufe des Jahres bei **Rock O Rama** veröffentlicht +++ Martina von **Schlachtruf** Fanzine aus Freiburg hat ihre nunmehr siebte Ausgabe herausgebracht. Auf den 40 Seiten A5 findet sich reichlich Stoff zum Schmökern. Die vorliegende Ausgabe kostet 2,- DM + 1,50 DM Schneckenpostzuschlag. Die Adresse kann über die Redaktion erfragt werden +++ Der allseits bekannte **Miesling** aus Erkenschwick hatte kürzlich seinen Prozeß wegen eines in seinem **Aktivisten** abgedruckten **Macht und Ehre** Interviews. Die Lokalzeitung ließ sich nicht lumpen und titelte in fetten Lettern "Miesling verbreitete Nazi-Hetzschriften" +++ Die legendären **4Skins** und die australi-

Der Anfang des Nazi-Rockmagazins

Lemmer mit Zaunbrecher im Gespräch mit den Leiter des Roma-Lagers, 1992

Populistische Parolen der FWG

Lemmer mit Jörg Petritsch und Stefan Raschke (v. l. n. r.) von Störkraft in der Sat 1-Sendung »Einspruch«, 1992

Strafanzeige gegen Lemmer

Gegen den Fraktionsgeschäftsführer der Freien Wählergemeinschaft, Torsten Lemmer, wurde Strafanzeige wegen Volksverhetzung erstattet. Lemmer war zeitweise Manager der rechtsextremistischen Skinhead-Band „Störkraft", die mit Liedern des Hasses Riesenumsätze machte. Michael Mücke berichtet.

NRZ, 7.1.1993

Strafanzeige gegen FWG-Geschäftsführer Torsten Lemmer erstattet

Zum Haß aufgestachelt?

Ex-Manager der Skinhead-Band „Störkraft": „Ich stehe dazu!"

Von MICHAEL MÜCKE

Gegen Torsten Lemmer, Geschäftsführer der rechtsradikalen Rathausfraktion Freie Wählergemeinschaft, ist ein Ermittlungsverfahren wegen Volksverhetzung eingeleitet worden. Der 23jährige war zeitweise Manager der rechtsextremistischen Skinhead-Band „Störkraft", gegen die ebenfalls wegen Aufstachelung zum Rassenhaß und Volksverhetzung ermittelt wird.

Wie die Staatsanwaltschaft in Koblenz gestern bestätigte, hat der Vater des „Störkraft"-Musikers Stefan Rasche Strafanzeige gegen seinen Sohn und gegen Ex-Manager Lemmer erstattet.

Jetzt schickt die Kölner Staatsanwaltschaft die Lemmer-Akte nach Düsseldorf. Der FWG-Geschäftsführer stritt gestern ab, immer noch als Berater für „Störkraft" zu arbeiten. Dabei nahm Lemmer die Musikgruppe erst vor kurzem in einem gemeinsamen Interview mit dem „Spiegel" in Schutz. „Ich war Manager, und dazu stehe ich auch." Heute habe er aber nur zum „Störkraft"-Hauptsänger und Freund Jörg Petritsch gute Kontakte: „Wir treffen uns zweimal die Woche, und da gebe ich schon mal einen freundschaftlichen Rat. . ."

Petritsch und seine Gruppe machten mit Liedern des Hasses Riesenumsätze. Ihre Stükke heißen: „Kraft für Deutschland", „Mann für Mann", „Söldner". Sie singen „Deutschland erwache", „Wir sind zum Kampf bereit", „Bist Du sein Feind, dann mach' ich dich kalt", „Überall seh' ich Ausländermassen, das kann nicht Deutschland sein." Fans krakeelen auf den Konzerten „Sieg heil", hissen die Reichskriegsflagge. Der Verfassungsschutz wirft der Band vor, den Skinhead als „Deutschlands echte Polizei" zu sehen, der die Straßen „türkenfrei" macht.

Schweigen ist Gold

Inzwischen stehen die „Störkraft"-Scheiben" auf dem Index der Bundesprüfstelle für jugendgefährdende Schriften", dürfen wegen ihrer ausländerfeindlichen Texte nicht mehr an Minderjährige verkauft werden. In der neuen LP, die bald herauskommt, wird dies als „dreckiges Spiel" bezeichnet. Der Text zum Stück „Schweigen ist Gold" stammt teilweise vom FWG-Mann Torsten Lemmer persönlich.

Zu Konseqenzen war Lemmer nicht bereit. Er bleibt Geschäftsführer der FWG, will eigenen Angaben zufolge gar alle „rechtskonservativen Gruppen" in Düsseldorf zu einem Bündnis zusammenführen. Daß die zersplitterten Rechtsradikalen sich verbünden könnten, befürchtet das Bundesamt für Verfassungsschutz schon seit Monaten.

Bernd Känzle, Staatssekretär im Kultusministerium von Bayern – Anzeige gegen Lemmer wegen übler Nachrede

SPD: Hausverbot für Lemmer

FWG-Geschäftsführer empfing Skinhead-Band im Rathaus

Von BODO FUHRMANN

exp Düsseldorf – **In gleichlautenden Schreiben an OB Klaus Bungert und Oberstadtdirektor Peter Hölz fordert die SPD-Ratsfraktion jetzt ein sofortiges Rathausverbot für den Geschäftsführer der rechtskonservativen FWG-Fraktion.**

SPD-Geschäftsführer Frajo Göbel: „Lemmer hat als Manager die rechtsradikale Skinhead-Band Störkraft im Rathaus empfangen. Ein Schlag ins Gesicht aller Demokraten." Nur das Einschreiten der Hausmeisterin habe verhindert, daß die vom Verfassungsschutz angeprangerte Musikgruppe in Sitzungsräumen des Rates für Fotos posierte. Nach Auffassung von Göbel ist „damit für Lemmer endgültig Ende der Fahnenstange".

FWG-Chef Zaunbrecher will „auf jeden Fall an Lemmer festhalten." Doch sein Geschäftsführer trägt sich mittlerweile mit dem Gedanken, Düsseldorf ganz den Rükken zu kehren. „Ich habe das Angebot," so Lemmer, „Landesgeschäftsführer der DSU in Sachsen-Anhalt zu werden. Dort habe ich mehr Möglichkeiten, mich zu entfalten."

Bisher hatten Vertreter aller großen Ratsfraktionen übereinstimmend erklärt, daß Lemmer für sie nicht mehr tragbar sei (EXPRESS berichtete). Goebel: „Wir haben jetzt hoffentlich das passende Mittel gefunden, mehr als nur unsere solidarische Abscheu zu bekunden."

FWG-Geschäftsführer Torsten Lemmer in seinem Rathaus-Büro

FWG: Zaunbrecher wirft Lemmer raus

Eklat im Rat: Geschäftsführer stellte NPD-Anträge

Von BODO FUHRMANN

exp **Düsseldorf** – Die politische Karriere des wildesten Rechtsradikalen im Düsseldorfer Rathaus ist zu Ende. FWG-Chef Herbert Zaunbrecher setzt seinen Fraktionsgeschäftsführer Torsten Lemmer (23), Bürstenschnitt und Seppelhose, vor die Tür.

Der gefährliche Jung-Rechte wurde gestern vor versammeltem Rat vom CDU-Ratsherrn Olaf Lehne überführt, drei FWG-Rats-Anträge von der vom Verfassungsschutz als rechtsradikal eingestuften NPD abgekupfert zu haben. EXPRESS hat einen vierten Antrag der NPD (zur Mieterbetreuung), den Lemmer seinem Fraktionschef Zaunbrecher unterschob.

Der biedere Konditormeister Zaunbrecher war zunächst empört, entschuldigte sich später im Rat bei Lehne und versprach „personelle Konsequenzen". Zum EXPRESS: „Lemmer hat mich hintergangen. Ich schmeiß' ihn raus. Der hat meinen guten Namen ruiniert."

Lemmer, Ex-Manager der Fascho-Band „Störkraft", Gesellschafter des rechtsradikalen Verlages „Dorfmusik" sowie Autor des ultrarechten Magazins „Europa vorn", flog gestern bereits aus dem Musterungsausschuß der Bundeswehr. Er war perRatsliste in das Gremium gekommen (EXPRESS berichtete). Lemmer gilt zugleich als gewalttätig. Er und zwei seiner FWG-Polit-Kollegen wurden bereits wegen Köperverletzung verurteilt.

FWG-Chef Zaunbrecher mit Geschäftsführer Lemmer.

Lästig, inhaltsleer: Provokationen – Lemmer mit Jan Zobel gegen Düsseldorfs Oberbürgermeister Erwin

... und Düsseldorfs SPD-Chef Christiansen

Akademische Würden, Novisad (ehem. Jugoslawien) 1999, und die Schlagzeile im »Express«: »Staatsanwalt jagt Dr. Lemmer.«

Ein »braver Bürger« protestiert gegen das Rathausverbot: Lemmer, Zobel und Freunde

Vor dem Düsseldorfer Rathaus

Hamlet, 2001 in Zürich

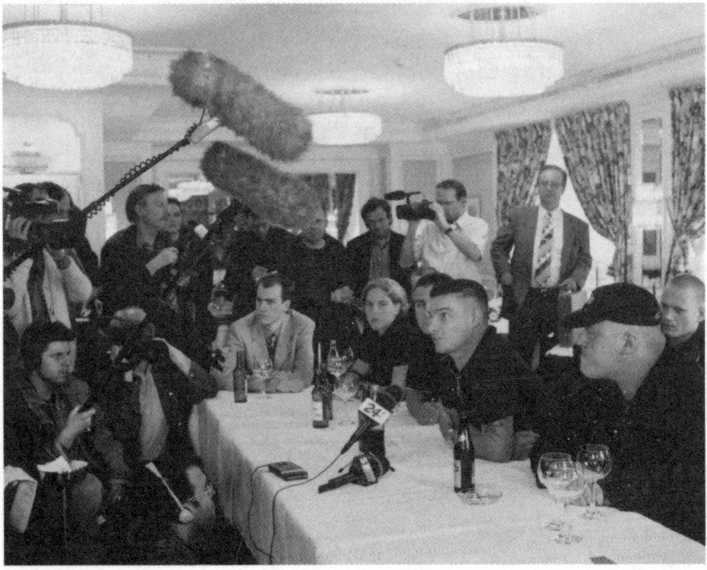

Pressekonferenz zur Hamletinszenierung

Wenn echte Neonazis zu Schauspielern werden

ZÜRICH-EXPRESS 4. MAI

Regisseur Christoph Schlingensief holt für seine «Hamlet»-Inszenierung ausstiegswillige Rechtsextreme ins Schauspielhaus

ZÜRICH – «Ich habe die Schnauze voll von intoleranten Redensarten, ich will aussteigen!» Torsten Lemmer (31) ist einer der sieben ausstiegswilligen Neonazis aus Deutschland, die Christoph Schlingensief für seine «Hamlet»-Inszenierung ins Schauspielhaus holt. Er will als Schauspieler ein Zeichen setzen und ehemalige Kameraden zum Ausstieg bewegen. Als die sieben jungen Leute am Hauptbahnhof ankommen, werden sie von Schlingensief und einem riesigen Medienpulk empfangen. Schlingensief, der mit seinem Projekt «Nazi Line» etwas für die Resozialisierung von Rechtsextremen tun will, wollte für sein Theater echte Skins, die bis vor kurzem noch in der Szene aktiv waren.

Zweiflern, die sich fragen, ob die Neonazis denn auch echt und keine Schauspieler sind, gibt er zur Antwort: «Man kann glauben, was man will, aber manchmal ist mehr wahr, als man denkt.» CORINNE NAEF

Torsten Lemmer (2. v. l.) mit drei seiner Kameraden und Christoph Schlingensief (r.) bei der Ankunft am Hauptbahnhof. BILD: KARIN HOFER

Zürich Express, 4.5.2001

Mit Peter Kern, Christoph Schlingensief und Sandra Umathum, Herausgeberin des Hamlet-Buches

Mit Peter Kern, 2002

Mit Irm Hermann in Zürich

Mit Gerhard Zwerenz auf der Frankfurter Buchmesse, 2003

Mit Ehefrau Saida in Bangkok

Mit Saida in Berlin

Initiative für rechte Aussteiger:
www.rein-verein.de

ISBN 3-360-01242-9

Rosa-Luxemburg-Str. 39, 10178 Berlin
Titel: Peperoni Werbeagentur, Berlin

Printed in Germany

Die Bücher des Verlags Das Neue Berlin erscheinen in der Eulenspiegel Verlagsgruppe

www.das-neue-berlin.de